INTEGRATED PROTECTION TECHNOLOGY FOR FIRE RESISTANCE AND SEALING OF BRIDGE CABLE SYSTEM

桥梁缆索抗火密封综合防护技术

张少锦　阮　欣　王　勇　著

人民交通出版社股份有限公司

北　京

内 容 提 要

本书从桥梁承重缆索安全保护与寿命延长入手,针对缆索体系桥梁缆索系统受腐蚀和火灾影响造成的安全使用和耐久使用的突出问题,系统阐述了桥梁承重缆索体系密封防护抗腐蚀和抗火保护防灾变的技术原理、分级防护标准与实施方法,并重点介绍了集耐高温、阻燃、密封功能于一体的玄武岩纤维增强缆索密封防护技术(FRS 密封技术),集耐火、阻燃、隔热、密封功能于一体的缆索防火保护技术(FCFR 防火技术),以及材料发明与工程应用。

本书可供桥梁工程专业技术人员参考,亦可供高等院校相关专业师生学习使用。

图书在版编目(CIP)数据

桥梁缆索抗火密封综合防护技术 / 张少锦,阮欣,王勇著. — 北京 : 人民交通出版社股份有限公司, 2025.3. — ISBN 978-7-114-20158-5

Ⅰ. U443.38

中国国家版本馆 CIP 数据核字第 20253EX548 号

Qiaoliang Lansuo Kanghuo Mifeng Zonghe Fanghu Jishu

书　　名: 桥梁缆索抗火密封综合防护技术
著 作 者: 张少锦　阮　欣　王　勇
责任编辑: 李　梦
责任校对: 孙国靖　魏佳宁
责任印制: 张　凯
出版发行: 人民交通出版社股份有限公司
地　　址: (100011)北京市朝阳区安定门外外馆斜街 3 号
网　　址: http://www.ccpcl.com.cn
销售电话: (010)85285857
总 经 销: 人民交通出版社股份有限公司发行部
经　　销: 各地新华书店
印　　刷: 北京建宏印刷有限公司
开　　本: 787 × 1092　1/16
印　　张: 7.5
字　　数: 160 千
版　　次: 2025 年 3 月　第 1 版
印　　次: 2025 年 3 月　第 1 次印刷
书　　号: ISBN 978-7-114-20158-5
定　　价: 88.00 元

作者简介

张少锦，扬州大学教授，工学博士、教授级高级工程师、广州市杰出产业人才，中南大学兼职教授、广东财经大学客座教授。曾任广州珠江黄埔大桥建设有限公司副总经理兼总工程师、总经理等职务，负责过多项公路工程施工以及国省道和高速公路特大桥隧项目从筹建、建设到运营全过程的闭环管理。

长期从事土木交通领域建造技术、维养技术和数字化管理技术的研究与应用，牵头创建2个省级(广东省)技术研究创新平台，原创执行控制管理、预防性管理、专业数字化管理等理论方法和缆索(钢结构)抗火技术、混凝土表体渗透结构增强保护技术、超高性能(UHPP)组合式路面/钢桥面铺装与循环保固技术体系等，实践效果良好。个人出版专著6部，取得国家发明专利等知识产权成果40多项，获得中国土木工程詹天佑奖及省部级科技进步特等奖、一等奖等10多项，以第一完成人完成的4项研究项目成果被交通运输部列为"交通运输重大科技创新成果"。

序

从新中国成立至今，我国已建成全球最大规模的高速公路、铁路、地下铁路等交通网络。桥梁是交通网的关键节点，没有桥梁就难以连成线、形成网。长江、黄河、珠江等大江大河，正是被一座座大跨度桥梁跨越，才实现“一架南北变通途”。据统计，中国已建成公路桥梁90余万座，特大桥梁超过6000座，创造了超过60%的各类型桥梁跨度的世界纪录。桥梁建设成就彰显了我国基础设施建设水平与实力，成为展示我国新材料、新技术、新装备和综合国力的标志。

新材料是促进桥梁事业发展和技术进步的重要因素与条件。玄武岩纤维作为我国重点发展的四大纤维之一，被广泛认为是“21世纪绿色高新工业材料”。玄武岩纤维是以天然玄武岩为原料，粉碎并经过1450～1500℃高温熔融后，通过特殊金属材料漏板拉丝而成。这种纤维及其复合材料具有质量轻、阻燃、隔热、耐高温、抗腐蚀、抗辐射、绝缘、隔声、弹性模量高、力学性能好等优点，是一种综合性能好、性价比高的环保型非金属材料，已在航空航天、国防建设、交通运输、土木建筑、装备制造等领域中得到广泛应用。

扬州大学张少锦教授牵头，联合同济大学、广州珠江黄埔大桥建设有限公司等单位，共同组成“产—学—研—用”技术攻关团队，针对桥梁承重缆索结构易腐蚀、热损、老化等不安全因素，通过选用由江苏天龙玄武岩连续纤维股份有限公司生产的玄武岩纤维复合增强材料，改进不同材料组合，解决了桥梁承重缆索抗火密封问题，在世界范围内首次形成了适用于不同结构抗火需求的缆索抗火隔热密封技术体系，得到交通行业权威机构的高度评价并取得工程实践的成功，真是难能可贵。

缆索抗火隔热密封技术体系集耐火、隔热、密封功能于一体，综合利用玄武岩纤维复合增强抗火隔热带与玄武岩纤维增强密封胶带优异的保护性能，并建立了桥梁缆索体系整体分级防火防护的技术标准，设计了具备耐火、隔热、密封、阻燃功能的新型缆索保护防护体系，在保证防护体系具有优良抗力学变形、耐气体压力、耐腐蚀、阻燃、耐高温等密封性能优异的前提下，满足60min内、1100℃火场环境下，桥梁缆索钢丝束表面温度不超过300℃的使用要求，实现不同环境条件下对缆索结构防火、防腐的长效保护。

由张少锦、阮欣、王勇合著的《桥梁缆索抗火密封综合防护技术》一书，系统介绍了这些研发过程和创造性成果，对提高我国桥梁工程建设水平、促进玄武岩纤维材料产业发展都具有重要意义。希望有更多的同行和专家、学者能像他们一样，团结合作，勇于开拓，努力创新，不断深化玄武岩材料研究，为发展新材料、建设交通强国作出更大的贡献。

中国科学院地质与地球物理研究所 

2021年11月

前言

改革开放以来,我国的交通事业得到了飞速发展,桥梁建设取得了世人瞩目的成就。截至2020年底,中国已建成公路桥梁91.25万座,全长6628.55万m,其中多孔跨径总长大于1000m或单孔跨径大于150m的特大桥梁共6444座、全长1162.91万延米。缆索承重桥是大跨径桥梁中的重要类型,我国缆索承重桥的数量和建设技术都在世界上居于领先地位。目前,世界上已建成的缆索承重桥梁按跨度排名,前10座悬索桥中有6座在中国,前10座斜拉桥中有7座在中国,前10座拱桥中有7座在中国。

斜拉索、主缆等承重缆索是保证大跨度桥梁安全运营的生命线。目前,承重缆索的安全性与耐久性方面的问题较为突出,防火保护、密封防护等问题正日益严重地影响承重缆索的耐久和安全。

以往在设计中没有深入考虑桥梁火灾问题,随着道路交通流量增长、特别是危险化学品运输车辆的增加,桥面火灾发生数量增多、强度提高,引起承重缆索损伤的事故数量呈上升态势,甚至危及结构整体安全。同时,随着运营时间的增加,桥梁缆索耐久性问题日益凸显。其中缆索密封性能退化、防护失效引起水汽进入缆索内部,导致缆索内钢丝快速发生腐蚀劣化是主要问题之一。承重缆索现有的防护体系亟须系统创新——防护定位需要重构、防护标准需要提升、防护技术亟待创新。

以广州珠江黄埔大桥为工程背景,由广州珠江黄埔大桥建设有限公司和广东省道路信息化智能管养工程技术研究中心、同济大学、扬州大学、江苏天龙玄武岩连续纤维股份有限公司和江苏省高性能玄武岩连续纤维工程中心、上海浦江缆索股份有限公司、江苏中矿大正表面工程技术有限公司等校企组成的研究团队,对承重缆索防护技术方面进行了联合攻关,形成了桥梁缆索抗火密封综合防护创新技术体系,并在广东、江苏等省份缆索结构桥梁中成功实施,为国内外缆索体系桥梁一体化解决防火防腐问题提供全新思路、方法、技术标准、新型材料和成功工程示范。

本书系统介绍了相关研究成果:第1章主要介绍了桥梁承重缆索结构、缆索抗火及密封防腐所遇到的问题以及当前的防护技术;第2章主要介绍了玄武岩纤维及其复合增强材料性能,并重点介绍了针对缆索防火防腐问题研发的纤维复合抗火带与纤维密封胶带两种防护材料;第3章主要介绍了基于前述两种产品形成的缆索抗火密封防护技术;第4

章介绍了车辆火灾数值模拟技术,研究了桥面火灾温度场特性,明确了相关防护需求;第5章开展了缆索承重桥梁火灾模拟分析,研究了承重缆索火灾损伤标准,并以黄埔大桥南北汊桥梁为例,分析典型火灾场景下各类承重缆索的损伤情况;第6章以黄埔大桥缆索防护工程为例,介绍桥梁缆索抗火密封防护技术体系,包括防护体系、防护效果以及施工技术等。

本书由张少锦教授、阮欣教授、王勇副总工程师牵头主持撰写,广州珠江黄埔大桥建设有限公司赵超和同济大学孟伟毅、霍宁宁、刘吉林全程参加本书编写工作。联合攻关团队中来自江苏天龙玄武岩连续纤维股份有限公司、上海浦江缆索股份有限公司、中交基础设施养护集团有限公司、江苏中矿大正表面工程技术有限公司的罗国强、薛晓薇、弋安、姚建勇、邬惠娟、夏子金、韩涛、李双、卢少槟、张成勇等从实践一线提供了原始试验资料和相关技术支持。在此向所有为本书的编写提供支持的单位和个人表示衷心的感谢!

由于作者水平有限,书中难免存在疏漏和不足之处,恳请各位专家和读者批评指正。

张少锦

2021年10月于扬州大学

目录

第1章 缆索体系桥梁的使用安全

桥梁是人类为跨越障碍修建的构筑物，它跨越江河湖海、深山峡谷，是沟通地区间交通、促进区域经济发展的重要基础设施。截至2020年底，我国已建成公路桥梁91.25万座，全长6628.55万m，其中多孔跨径总长大于1000m或单孔跨径大于150m的特大桥梁共6444座、全长1162.91万延米。另外，我国高速铁路也在快速发展，建成了总长度占高速铁路线路总长度一半以上的桥梁，其中包括大量跨越江河湖海、峡谷的大跨度桥梁。我国的桥梁建设成就彰显了我国的基建水平与实力，桥梁已成为另一张展示中国国家自信的"名片"。

缆索承重桥是大跨径桥梁中的重要类型，而承重缆索则是保证大跨度桥梁安全运营的生命线。然而近年来，密封防护、防火保护等问题正日益严重地影响承重缆索的耐久和安全。

1.1 桥梁承重缆索的类型和结构

1.1.1 桥梁承重缆索的类型

随着桥梁设计、施工和材料、装备技术的不断发展，许多处于关键交通节点上的天然障碍被一座座大跨度桥梁跨越；缆索承重桥梁是大跨径桥梁中最常用的桥型。基于受力体系以及缆索承担作用的差异，可以将缆索承重桥梁分为悬索桥、斜拉桥以及拱桥三类，如图1-1所示。

a)悬索桥

图 1-1

b)斜拉桥

c)拱桥

图 1-1　缆索承重桥梁分类

目前,世界上已建成的缆索承重桥梁按跨度排名,前 10 座悬索桥中有 6 座在中国,前 10 座斜拉桥中有 7 座在中国,前 10 座拱桥中有 7 座在中国。各类型大跨度缆索承重桥梁在我国得到了充分的发展,统计数据见表 1-1。

世界范围内已建成主要大跨度缆索承重桥统计　　表 1-1

序号	桥梁类型	桥梁名称	主跨跨径(m)	国　家	建成年份
1	悬索桥	明石海峡大桥	1991	日本	1998 年
2	悬索桥	杨泗港大桥	1700	中国	2019 年
3	悬索桥	南沙大桥	1688	中国	2019 年
4	斜拉桥	俄罗斯岛桥	1104	俄罗斯	2012 年
5	斜拉桥	沪苏通长江公铁大桥	1092	中国	2020 年
6	斜拉桥	苏通长江大桥	1088	中国	2008 年
7	拱桥	平南三桥	575	中国	2020 年
8	拱桥	朝天门大桥	552	中国	2009 年
9	拱桥	上海卢浦大桥	550	中国	2003 年

桥梁承重缆索体系包括索体结构、防护系统和锚固系统。承重缆索在悬索桥、斜拉桥和拱桥中所发挥的作用和具体锚固形式等方面各不相同,基于这种差距,可将承重缆索分为三类:①主缆,是悬索桥的主要承重构件,通过鞍座支承与锚固系统将荷载传至桥塔和锚碇;②斜拉索,是斜拉桥的主要传力构件,通过锚固系统两端分别锚固于桥塔与主梁,将荷载传至桥塔;③吊索,是悬索桥、拱桥的主要传力构件,通过缆索夹或锚固构件连接桥梁承重构件(如悬索桥的主缆、拱桥的拱肋等)与主梁,将荷载传至拱肋和主缆。

主缆[图 1-2a)]作为悬索桥的主要承重构件,承担了由吊索传递过来的大部分荷载,通过鞍座与锚碇等构造支撑、锚固。在桥梁运营期间,主缆长期承担较大拉力,内部材料处于较高应力状态。作为桥梁主要承重构件,主缆一旦因腐蚀、火灾或锚头松脱等问题受损甚至断裂,悬索桥整体结构安全性能将受到极大影响,甚至导致全桥垮塌。因此,如何保证主缆在各种环境、人为因素的作用下不受损或损伤情况控制在可接受的风险范围内，对于提升全桥结构安全性能有着显著作用。

斜拉索［图 1-2b）］是斜拉桥的主要传力构件，通过锚固构造连接桥塔与主梁。由于桥梁荷载由所有斜拉索共同承担，每根拉索内长期存在较恒定的拉力，这一拉力较悬索桥主缆所承担拉力小。在桥梁运营期间，斜拉索因钢丝锈蚀、锚头松脱、火损、撞击、人为破坏等造成断裂可能导致桥梁较大变形、局部破坏甚至连续倒塌，因此，保证斜拉索的安全是斜拉桥运营安全保障的重要内容。

吊索［图 1-2c）］是悬索桥、拱桥主要的传力构件，通过缆索夹或锚固构件连接桥梁承重构件（如悬索桥的主缆、拱桥的拱肋等）与主梁。在桥梁运营期间，吊索内将一直承担较为恒定的拉力，一般吊索承受的拉力比斜拉桥的拉索承受的拉力小，但作为桥梁主要传力构件，若因吊索钢丝锈蚀、锚头松脱或火损等发生断裂，特别是多根吊索的连续断裂现象，往往会危及桥梁结构的安全性能。

a)主缆

b)斜拉索

c)吊索

图 1-2　桥梁承重缆索

相比于其他桥梁受力构件，承重缆索具有构件截面积小、应力状态高且变化幅度大等特点。这使得承重缆索容易受到外界环境的影响，产生缆索局部损坏、性能快速退化、安全储备降低等问题。在桥梁施工或运营期间，除了环境影响外，承重缆索还可能受到火灾、风灾、地震、腐蚀和车船撞击、人为破坏等各种自然与人为因素造成的事故或灾害的影响，这些灾害与事故的机理、形式、影响程度不同，相应的应对策略也不同。因此，如何保证缆索内部钢丝在桥梁运营期间的长期良好性能成为急需解决的难题。研究缆索系统致灾机理、制订科学的防护措施，对于保障和提升缆索系统的安全具有重要意义。

1.1.2　主缆系统和构造

根据功能划分，桥梁承重缆索主要可以分为索体结构、防护系统和锚固系统三部分，它们分别承担了传递索力、保护索结构以及实现索体与桥梁其他构件连接的功能。

对于现代悬索桥而言，主缆索体结构多采用平行钢丝索股形式，为满足主缆较高的抗拉需求，主缆所用钢丝由高质量盘条冷拉加工而成，保证钢丝抗拉强度在 900 ~ 2200MPa 之间，并且经历反复弯曲和扭转后仍可保持力学性能，另外还需在钢丝表面镀锌以提升防腐能力。为组成主缆索结构，现多采用预制平行索股法（PPWS 法）进行主缆的架设施工，首先需要将若干镀锌钢丝按照一定的排列规律平行组编形成钢丝索股，根据不同需要，每根钢丝索股由 61 根、91 根、127 根等不同数量的钢丝组成，形成呈紧密的正六边形的钢丝索股。之后将多股钢丝索股在现场进行平行组编架设，从而形成主缆索结构。主缆断面具体组成情况如图 1-3 所示。

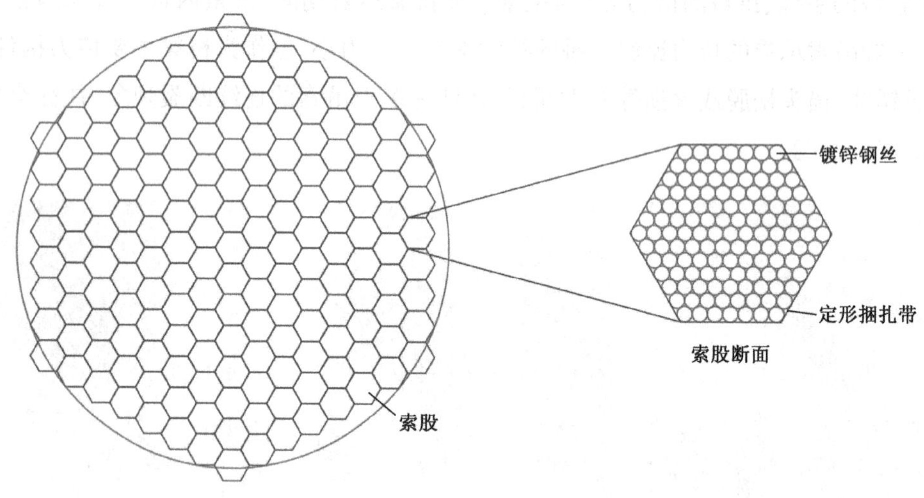

图 1-3　常见主缆索股排列及索股断面示意图

作为组成主缆的最基本单位，钢丝经历了从进口强度 1600MPa 盘条钢丝到国产强度 2100MPa 盘条钢丝的发展历程，斜拉索钢丝和吊索钢丝也得到同步发展。

20 世纪 90 年代，汕头海湾大桥、虎门大桥的，主缆设计采用 1600MPa 镀层钢丝，PPWS 钢丝用盘条采用进口材料。

此后，江阴长江大桥、润扬长江大桥、珠江黄埔大桥的主缆设计采用 1670MPa 镀层钢丝，钢丝盘条采用进口材料。

20 世纪末，日本开发并应用 1770MPa 钢丝。建成了明石海峡大桥；进入 21 世纪，1770 MPa 钢丝在我国西堠门大桥、南京长江四桥、马鞍山长江公路大桥、武汉鹦鹉洲长江大桥主缆中得以应用，并在随后建设的大型悬索桥工程中广泛应用。

2018 年 2 月建成的洞庭湖大桥，主缆采用 1860MPa 镀层钢丝。2019 年 4 月建成的珠江南沙大桥，主缆采用 1960MPa 钢丝。2019 年 4 月，深中通道伶仃洋大桥主缆采用 2060MPa 锌铝镁合金镀层钢丝。计划于 2024 年建成通车的南京仙新路大桥采用国产 2100MPa 锌铝合金镀层钢丝。

另外,为保证主缆抗腐蚀性能,还需要对钢丝表面进行防腐处理,热浸镀是当今世界应用最广泛,同时也是性价比最优的钢铁表面防腐处理方法,缆索盘条钢丝大部分采用此法。随着缆索盘条强度越高,钢丝碳含量越高,锌(Zn)层对钢丝的基体保护越弱,因此,在20世纪后期,桥梁界开始采用锌铝合金镀层代替热浸镀保护,并从21世纪初开始,锌铝镁合金作为最新一代耐腐蚀合金镀层,逐步替代纯锌和锌铝合金镀层。试验表明,钢丝锌(Zn)-铝(Al)-镁(Mg)合金镀层耐腐蚀性能是纯锌镀层的近5倍、Zn-Al合金镀层的2倍。

大量镀锌钢丝组成索股并有序排列后,还需要在最外侧施加防护结构。主缆传统的防护结构包括锌粉膏嵌缝层(腻子)、缠绕钢丝层、防护底漆层以及彩色防护漆,加上每根平行钢丝外表面进行的镀层处理,形成主缆的多道防护体系。主缆防护结构如图1-4所示。由于主缆属于不可更换构件,长期受到环境作用,为保证主缆使用年限不低于结构整体设计使用年限,需要对于主缆进行抗火密封重点防护,并采取抽湿或输送干空气方式确保缆索内部钢丝常态化处于干燥环境。

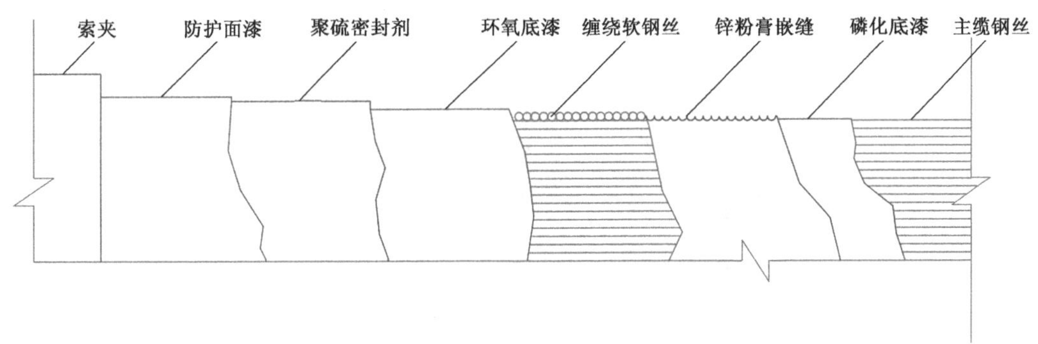

图1-4　主缆防护结构示意图

形成主缆索体后,还需要将主缆锚固于基础位置。目前,绝大多数大跨径悬索桥采用地锚锚固方式,主缆锚固于重力式锚碇处;跨径较小的部分悬索桥则采用自锚式,即将主缆锚固于梁体内部。地锚式悬索桥的锚碇承担了主缆传递过来的拉力,是悬索桥的主要承重构件之一。基于地质、地形等条件,锚碇类型包括完全重力式锚碇、重力式嵌岩锚碇、隧道式锚碇、岩锚锚碇等。各类锚碇均包括散索室、锚固系统与基础等部分,其中基础用于将各类荷载传至地基。散索室主要用于分散主缆各索股,使每根索股分别锚固于锚碇的锚固系统中,保证锚固效率,并最终将主缆传来的力传至基础,利用锚碇自重、地基承载能力等作用平衡主缆拉力。其中对于实现锚碇功能最为重要的缆索锚固系统由索股锚固连接构造和预应力锚固构造组成,索股锚固连接构造由拉杆及其螺母组件、连接器组成,预应力锚固构造由预埋管、环氧钢绞线成品索及锚具、支承板、锚头保护罩等组成,如图1-5所示。悬索桥锚碇锚固系统主要经历了钢框架锚固系统、灌浆粘结式预应力锚固系统及灌油无粘结式预应力锚固系统等多个发展阶段。

早期国内外多采用钢框架锚固系统，当前，国内外多采用灌浆粘结式预应力锚固系统和灌油无粘结式预应力锚固系统。由于各类型锚碇锚固系统都有其优缺点，在耐久性、锚固可靠性、施工和维护便利性等方面都各自存在一定缺陷与尚待解决的问题，因此，需要从工程使用安全和全寿命要求等方面，系统地考虑解决锚碇锚固系统关键问题的方案。

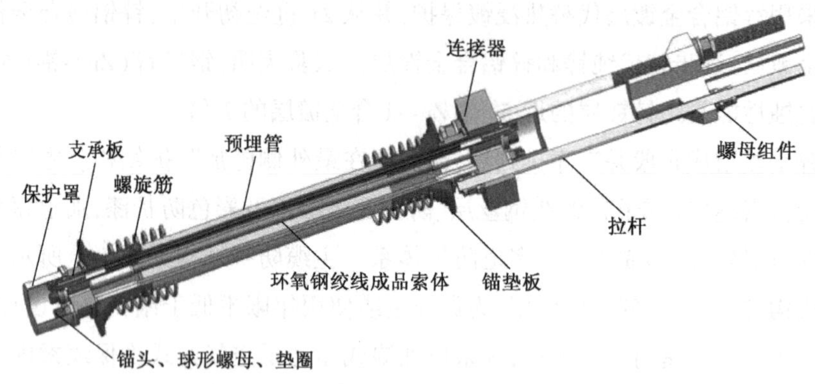

图 1-5　可更换式锚碇锚固系统结构示意图

1.1.3　斜拉索系统和构造

斜拉索索结构一般由高强度钢筋、钢丝或钢绞线组成，组成形式包括平行钢筋索、平行钢丝索、半平行钢丝索、钢绞线索以及封闭式钢缆等。实际工程中主要基于工程中所要求的力学性能、施工与经济条件等因素，考虑选择合适的斜拉索索结构类型。由于各类斜拉索的防护结构具有一定的相似性，且目前高强钢丝斜拉索的应用最为广泛，故选取这类斜拉索为代表，对斜拉索的防护结构以及锚具进行介绍。

根据《斜拉桥用热挤聚乙烯高强钢丝拉索》（GB/T 18365—2018）规定，斜拉索组成包括高强镀锌钢丝、高强聚酯纤维带，内层黑色高密度聚乙烯（HDPE）护套、外层彩色高密度聚乙烯护套等。此外，索体外表面还可能设置缠绕螺旋线等抗风雨振措施。斜拉索断面如图 1-6 所示。其中，高强聚酯纤维带主要起到将钢丝捆扎成形的作用，内外层高强度聚乙烯护套作为斜拉索主要的密封防护构造，用于隔绝索内钢丝与外部环境，保证斜拉索的耐久性。

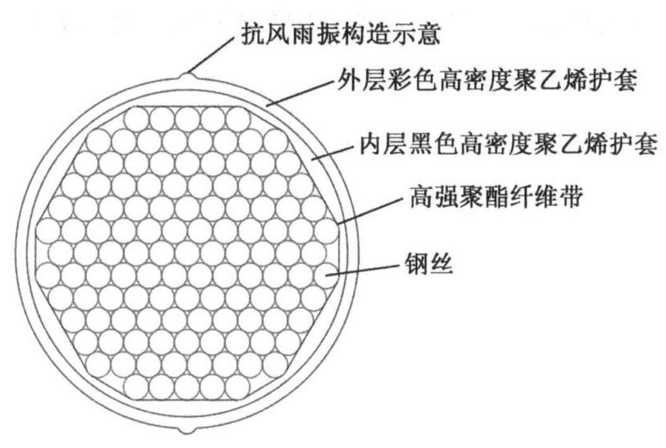

图 1-6　斜拉索断面示意图

拉索锚具的主要构造包括锚杯、锚圈、连接筒等。拉索内平行钢丝在锚固处分散并分别锚固，并在末端锚杯进行密封，防止外界水汽、腐蚀介质等进入索内。拉索锚固处的拉索防腐和耐高温性能是拉索结构安全使用的防护重点，因此，除对锚固形式和锚固材料进行特别的耐高温力学效能研究外，一般需要在锚固区索导管部分采用耐火隔热材料、密封材料、密封装置等进行特殊处理。拉索锚固区构造如图 1-7 所示。

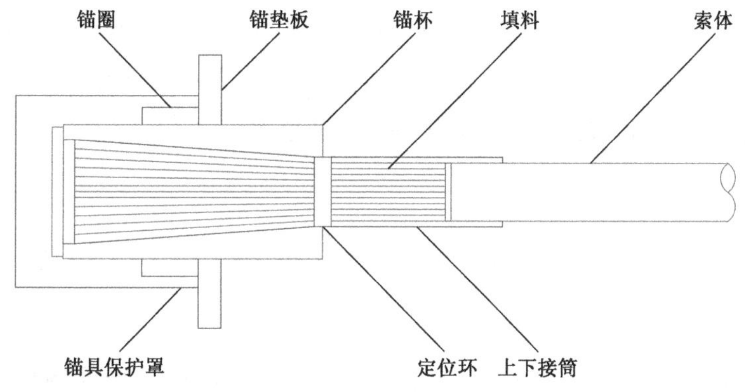

图 1-7　拉索锚固区构造示意图

1.1.4　吊索系统和构造

吊索一般可以按照内部钢丝组成形式的差异分为平行钢丝束吊索与钢丝绳吊索两种。其中，平行钢丝束吊索采用高强镀锌钢丝平行集束作为索结构，其组成与上述平行钢丝索结构类似，在此不再赘述。钢丝绳吊索采用优质钢芯钢丝绳作为索结构，一般由钢丝、绳芯以及润滑油脂组成。多层钢丝先捻成股，再以绳芯为中心，由一定数量股捻绕成螺旋状的绳；内部钢芯主要起支撑作用；润滑油脂起减缓钢丝表面的磨损、隔绝空气、抑制钢丝氧化锈蚀的作用。钢丝绳具体断面形式如图 1-8 所示。

各类吊索的防护结构与斜拉索相似，根据《公路悬索桥吊索》(JT/T 449—2021)的规定，吊索防护结构也主要由高强聚酯纤维带、内层高密度聚乙烯护套和外层高密度聚乙烯护套以及抗风雨振构造等组成,各组成部分与斜拉索防护结构各组成部分的功能类似。

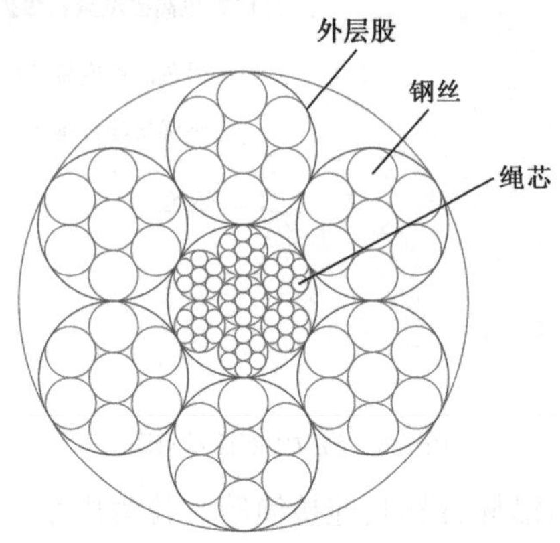

图 1-8 钢丝绳断面示意图

中下承拱桥的柔性吊索两端分别锚固于拱肋与主梁,均可采用锚杯与锚圈进行锚固连接,其构造形式与斜拉索锚具类似,不进行重复论述。而在悬索桥中,吊杆需要连接主缆和主梁,吊索与主缆锚固侧一般采用叉耳的形式与索夹连接,并进一步通过索夹实现与主缆之间的连接。与锚固于主梁一侧构造有所不同,主缆一侧的锚固区主要由锚杯、叉耳、连接筒等构造组成,为保证锚固处的防腐密封和防火耐高温性能,一般需要在锚杯与叉耳的连接处采用耐火隔热材料、密封材料、密封圈、密封压环等形式进行特殊处理。

1.2 承重缆索的抗火问题

1.2.1 承重缆索桥梁的火灾事故

火灾是桥梁运营过程中常见的突发事故之一。研究表明,引起桥梁火灾事故的原因多样,包括桥上通行车辆引起的火灾,电路、电器和雷电、地震引发的着火,桥下交通和易燃、易爆物体引发的燃爆,施工用电、用火引起的火灾,人为燃烧破坏与爆炸破坏等。2021 年上半年,国内多座大跨径缆索承重桥发生启动应急响应的火灾事件,超过一半是由于车辆火灾引起的,如图 1-9 所示。

图 1-9 2021 年某大桥危化品运输车在缆索区域自燃

承重缆索相比于主梁、桥墩等桥梁构件,截面纤细,更容易受到火灾影响,并且由于缆索在整个结构体系中往往起到关键传力、承重作用,一旦火灾中发生缆索损伤问题,不仅直接影响缆索系统自身的安全,还将会危及桥上通行的人员、车辆,甚至可能导致桥梁整体坍塌,造成重大的经济损失以及严重不良的社会影响。据相关报道,2008 年,某斜拉桥边跨、中跨位置景观灯起火,导致 10 余根拉索 PE 护套损伤,并在拉索上发现多处露丝情况。2011 年,某斜拉桥发生交通事故,肇事客车着火,将邻近两根斜拉索烧损,拉索护套烧损,钢丝外露,事故造成斜拉索力学性能受到影响。2014 年,某斜拉桥施工过程中,当进行到最大悬臂状态即桥梁即将合龙时,由于电焊作业的不当操作,塔柱锚固区发生起火,9 根斜拉索相继被烧断,桥梁发生较大扭转变形,一侧桥面下沉超过 2m。事故发生后,施工单位在断索处张拉了多道临时索防止桥梁状况的进一步恶化。上述火损事故案例情况如图 1-10 ~ 图 1-12 所示。

图 1-10　景观灯引起斜拉索着火

图 1-11　交通事故引起斜拉索受损

统计 2002—2020 年各类典型桥梁火灾事故,得到关于各桥梁火灾事故的具体情况,见表 1-2。对典型桥梁火灾事故进行分析,可以得出以下结论:一是桥梁火灾事故起火原因复杂多样,在各类起火原因中,车致火灾的概率高、频次多,发生时间和位置随机性大、影响面广、破坏强度大,需要进行特别关注并采取切实有效的措施予以解决;二是火灾对于桥梁中各类钢构件的影响作用显著，火灾中各类钢构件升温迅速，力学性能也会显著下降，进而严重影响桥梁安全性能；三是规范和实际建设中对承重钢结构缺乏专门抗火设计，而传统的桥梁消防设计及配套设施和消防救援难以迅速到达火灾现场实施救援，并造成火灾影响扩散，被动的消防与救援即使在反应及时的情况下也可能会造成结构的损伤甚至损毁。因此，需要重点对承重缆索桥梁进行火灾原因和影响机理分析，同时开展抗火防护技术原理和抗火防护结构和抗火材料的研究，以解决随时随地可能发生的火灾问题，消除缆索承重桥梁使用安全的最大风险威胁。

图 1-12　施工起火导致桥面扭转

2002—2020 年各类典型桥梁火灾事故　　表 1-2

序号	桥梁类型	起火位置	火灾原因	事故时间
1	钢主梁梁桥	大火导致钢梁软化，结构倒塌	撞击导致油罐车燃烧	2002 年 1 月
2	四塔钢主梁斜拉桥	一根斜拉索燃烧断裂	雷击着火	2005 年 1 月
3	连续钢混叠合梁桥	桥墩钢盖梁软化，引起桥梁垮塌	油罐车爆炸	2007 年 4 月
4	双塔预应力混凝土主梁斜拉桥	斜拉索护套引燃，拉索受损	景观灯起火	2008 年 12 月
5	双矮塔双层钢桁架斜拉桥	拉索轻微受损，道路交通封闭	客车自燃	2009 年 4 月
6	双塔连续钢箱梁斜拉桥	一根斜拉索局部护套燃尽，钢丝裸露	货车自燃	2011 年 10 月
7	双塔钢混组合梁斜拉桥	轿车连环相撞，导致桥梁伸缩缝、拉索以及通信管道损伤	交通事故导致多辆小汽车起火	2011 年 11 月
8	双塔钢主梁悬索桥	具体受损情况不明	小汽车自燃	2013 年 3 月
9	四塔预应力混凝土主梁斜拉桥	9 根斜拉索断裂，桥面一侧下沉	电焊施工	2014 年 10 月
10	双塔预应力混凝土主梁斜拉桥	货车自燃，斜拉索受到损伤	货车自燃	2014 年 10 月
11	双塔预应力混凝土主梁斜拉桥	货车自燃，跨中斜拉索受到损伤	雷击着火	2015 年 12 月
12	双塔钢主梁悬索桥	对桥梁影响较小	邮轮爆炸	2019 年 9 月
13	双塔混合梁斜拉桥	对桥梁影响较小	货车自燃	2020 年 7 月

1.2.2　缆索系统火损失效机理

桥梁承重缆索在火灾中的损伤过程可以分为三个阶段：首先，在火灾的作用下，缆索周边温度上升，并通过对流、辐射等作用加热缆索外部防护结构（如主缆的密封防护结构、拉吊索钢丝外部 PE 护套)，导致温度升高，外部防护结构引燃融化，出现部分钢丝裸露现象。之后，随着钢丝直接暴露在外界高温环境中，钢丝温度快速上升，达到一定温度后，钢丝力学性能降低，钢丝发生不可逆的损伤。最终，若火灾还未得到及时控制，随着钢丝温度的持续上升，钢丝强度的持续下降，最终钢丝将在两端拉力作用下发生破断。

与之对应，可以将火灾对拉索系统造成损伤分为三种场景：①高温致使索结构防护结构失效；②高温火场造成缆索内部升温，钢材强度折减；③缆索内部持续升温造成钢材破断失效。这三类场景对应了缆索不同的损伤程度，同时，也对应了后续不同的修复难度。缆索抗火防护的标准可以根据这三种损伤场景制定。

1）缆索防护结构失效

防护系统作为各类缆索构件最外层的保护结构，最先受到火焰的高温作用，并将对内部钢丝起到隔热保护的作用。因此，火灾首先将对缆索外层防护结构（拉吊索 PE 护套、主缆聚硫密封胶等）产生影响，进而造成损伤。若不施加额外防护，缆索防护结构在火场中极易被点燃，并且在外界环境对流风、护套熔滴等因素的影响下，保护结构的燃烧将极易发生扩散现象，不仅会导致火焰在一根缆索上的持续扩散，还可能会影响到周边缆索。同时，缆索防护结构逐渐失效的过程也将进一步降低防护结构的隔热性能，导致缆索内部钢丝升温速度加快。

火灾发生后，若仅发生少部分缆索防护结构失效现象，内部钢丝几乎未受损，则一般需对缆索性能进行评估与维修工作；若缆索防护结构发生大规模失效现象，并且导致内部钢丝受损，对于桥梁上可更换的缆索，一般需要考虑进行换索工程。

2）缆索钢丝高温损伤

一旦缆索外部防护结构发生损伤，火灾中的高温环境将直接作用到缆索内部钢丝，而钢材导热性能良好，且比热容较低，将发生快速升温现象。当钢丝超过一定温度后，其力学性能将发生不可逆折减，即钢丝发生损伤现象。因此，主缆防护结构破损后，钢丝将在较短时间发生损伤现象，从而全方面影响缆索的力学性能，严重威胁全桥的结构安全。

一旦火灾发展到这个阶段，灾后一般需要较长的维护维修时间对受损缆索进行更换或者加固，并产生较大经济损失以及不良社会影响，应尽量避免出现钢丝高温损伤情况。

3）缆索钢丝破断失效

随着钢丝温度进一步上升，钢丝力学性能将不断发生折减，与此同时缆索内钢丝持续受到拉力作用，当钢丝强度低于其所受外力时，钢丝将发生断裂现象。与钢丝损伤阶段类似，一旦缆索内部钢丝直接暴露在外界高温环境中，钢丝温度将迅速上升，从钢丝发生损伤到钢丝发生破断失效的时间较短，并且一旦发生钢丝破断失效现象，全桥结构将极有可能发生不可逆的损伤。

若火灾导致钢丝破断失效，需要在第一时间封闭交通，控制火势，并在灭火后采用加装临时索等临时维护措施加固桥梁。后续还应对受损桥梁的性能进行专业评估,研究维修方案。

1.2.3 缆索系统抗火保护技术

缆索的抗火防护主要基于研究如何更好地防火隔热这一技术路线展开,结构防火一般采用外包防火层的防火技术,防火层材料选择防火涂料、硅酸铝防火层、陶瓷纤维防火层等,尽管硅酸铝陶瓷纤维防火层绝热能和热稳定性好,但由于其既不耐磨又不耐碰撞,不能抵抗高速气流的冲刷和缆索的力学变形,不能抵抗腐蚀环境的侵蚀,相关试验未能满足预期效果,国内尚未见桥梁缆索防火防护的实桥成功实施案例。

近年来,根据使用安全环境的不同需求,国外针对暴恐破坏研发了防爆盔甲防护产品,国内主要开展了针对火灾事故的抗火隔热需求,研发了抗火隔热密封性能优秀的防护结构和玄武岩纤维复合增强耐火隔热与密封产品,并在工程实践中成功应用。

1)桥梁索结构抗火防护技术

2012 年,宁波、刘永军等针对典型斜拉桥开展斜拉索温度场模拟,研究了不同火灾场景下斜拉索的抗火性能,得到不同火灾场景下拉索内部的温度分布情况。研究认为:靠近跨中位置是斜拉桥受火最危险的位置;油罐车火灾是最需要关注的火灾场景;同时应特别注意,研究提及目前普遍采用的斜拉索 PE 护套材料熔点低,对拉索抗火不利,拉索保护层的耐火性能急需提高。

2016 年,王莹、刘沐宇等针对武汉鹦鹉洲长江大桥这一悬索桥,建立了全桥梁单元、关键部位实体单元模型,并进行了三维空间热—结构耦合分析。依据火灾中钢丝受力状况以及力学性能的变化情况确定钢丝断裂时温度,并以此为标准制定了基于硅酸铝材料的悬索桥主缆以及吊索抗火防护方案。2018 年,李艳、汪剑、周国华等以某运营中的大跨径悬索桥为工程依托,开展了类似研究,提出了基于耐高温的防火涂料的主缆以及吊索抗火防护方法。

2019 年,徐玉林等针对 CFRP 缆索进行抗火防护研究,开展了针对缆索构件的燃烧试验以及数值模拟,并依据桥梁缆索安全系数以及高温下缆索性能折减情况提出耐火临界温度,并基于外包厚陶瓷纤维防火层的抗火防护方式,分析了防护层厚度与缆索安全时间的关系。

2013—2021 年,针对桥梁承重缆索结构火损导致使用安全的突出问题,江苏天龙连续纤维股份有限公司配合张少锦、阮欣等研究团队应用事故分析、数值模拟分析和实体模型燃烧验证等方法,提出了集耐火、阻燃、隔热、密封功能于一体的缆索防火保护技术(FCFR 防火技术)和桥梁缆索体系整体分级防火防护的技术标准,研发了抗火隔热玄武岩纤维复合抗火带,并得到实体试验验证并在工程实践中成功应用。

2)锚固区抗火防护措施相关研究

由于缆索锚固区多采用钢构件,高温作用下易产生区域升温快、构件力学性能下降迅速等问题,若不采取额外防护措施,火灾中锚固区各部分容易出现损伤破坏。同时斜拉索的锚固区中一般会有油脂,在高温作用下,油脂融化,更容易引起拉索锚固滑移导致锚固失效的问题。

因此,锚固区域的防火措施应该进行特殊研究,埃及的罗德法拉轴线桥尝试采用硅酸铝陶瓷纤维毯,对斜拉索锚头的锚固区进行防护,但技术尚不成熟。国内目前对缆索锚固区防火措施研究较少,应予以重视。

另外,针对近几年恐怖袭击增长这一趋势,国外一些公司开发集防火和抗爆于一体的拉索防护体系。VSL 公司、Hardwire LLC 公司和 Structural Technologies 公司联合开发了一款针对拉索的防护盔甲,该防护盔甲能够防火、防爆、防弹及防其他外力破坏。试验表明,拉索进行盔甲保护之后,主要拉伸元件在 1100℃ 的火炉内,可保持表面温度低于 300℃ 的时间超过 90min;在保持有拉力的条件下,主要拉伸元件在 300℃ 下保持 90min 不出现滑丝、断丝,如图 1-13 所示。

图 1-13　VSL 公司拉索防护盔甲防火试验及安装

DSI 公司与德国弗劳恩霍夫瞬时动态研究所(Fraunhofer EMI)联合研制了拉索防护盔甲,该防护盔甲能够防火、防爆、防外力破坏。试验表明,该防护盔甲的实施,可满足环境温度 1100℃,拉索表面温度不超过 300℃,并持续至少 30min。

3)缆索抗火防护技术小结

国内外主要基于缆索外包防护材料防护技术、缆索锚固区域防护技术、缆索防爆盔甲技术等三个方面对桥梁承重缆索抗火防护技术进行研究。三个方面各有侧重点,研究深度也有所不同:缆索外包防护材料技术在各类工程应用广泛且较为成熟,但一般仅考虑针对索体结构进行防护,且功能性较为单一并缺乏防护设计与验收标准,实施效果无法评价;针对缆索锚固区域的防护研究较少,且相关防护措施不甚完善,缺乏针对防护标准以及防护效果的系统性研究;一些国外公司研发的缆索防爆盔甲主要针对缆索抗爆防火角度进行设计,针对人为外力作用进行了特殊防护,用于实桥上的效果及具体实施方案不明朗,且对于此类产品的生产工艺、性能、成本等问题国内尚未系统研究,是否适用于我国具体情况也尚不明确。

1.3 承重缆索的密封防腐问题

1.3.1 缆索系统的密封防护问题

采用密封胶或缠包带密封防护的缆索系统，由于处于长期振动状态，其紧缆缠丝和索夹将出现局部滑移或松动现象。当缆索采用密封胶密封防护时，密封胶固化后抗拉强度低，加上固化密封胶自重力作用，将导致防护结构局部开裂，水、湿空气和有害物质从开裂位置进入造成主缆锈蚀和加速老化现象；当采用缠包带密封防护时，缠包带的自粘附或热固化工艺难以达到耐久密封效果，水、湿空气和有害物质从缝隙进入也将造成主缆锈蚀和加速老化现象；另外，传统密封胶和缠包带密封防护结构高温耐久性和抗气体压力能力差，难以满足在抽湿系统气体压力下的耐久性及耐火要求。采用聚乙烯（PE）防护的拉吊索系统由于制造、运输、施工过程造成局部 PE 破损，水与有害空气从破损部位进入索体内部并在锚头或吊点处积聚并腐蚀索体钢丝。另外，由于拉索锚固区域处于半封闭和后期封闭状态，雨水或空气冷凝水容易从索体表面流集于锚头或吊点处积聚并腐蚀索体钢丝。缆索腐蚀的情况如图 1-14 所示。

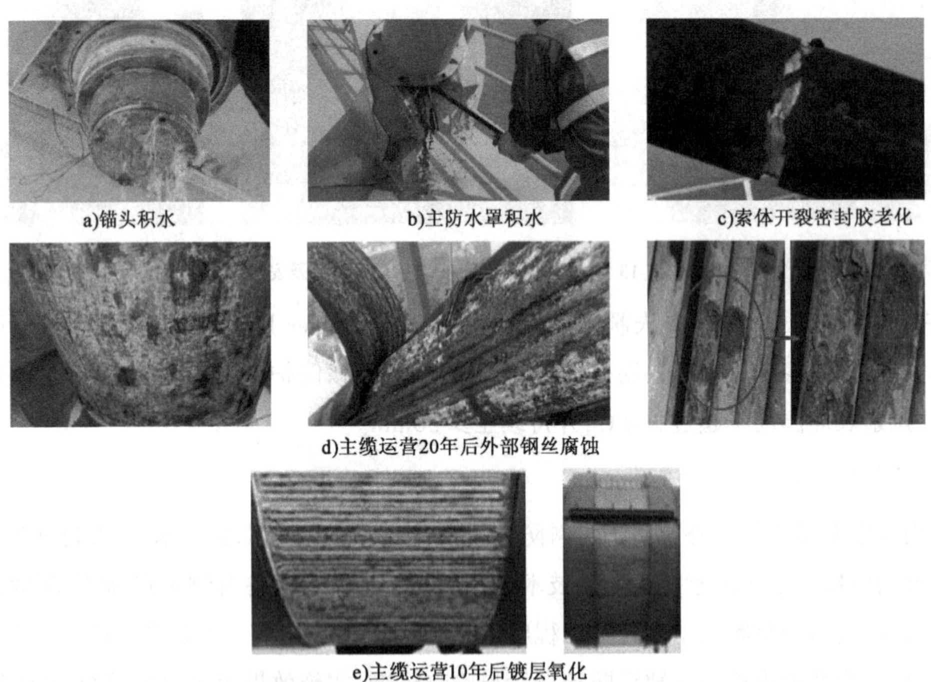

a)锚头积水 b)主防水罩积水 c)索体开裂密封胶老化

d)主缆运营20年后外部钢丝腐蚀

e)主缆运营10年后镀层氧化

图 1-14 缆索腐蚀的情况

从现有的缆索体系防护水平和工程实践看，难以确保桥梁缆索使用寿命达到设计或预期要求。根据行业统计、文献记录和有关报道，缆索体系桥梁缆索更换索体的平均时间少于 16 年，在服役桥梁 20 年左右开始换索。部分桥梁缆索更换实例见表 1-3。缆索腐蚀造成较大的经济损失和不良的社会影响，一些桥梁换索过程耗时长达半年，耗资千万元甚至上亿元。另外，换索除了工程本身具有一定成本之外，换索过程必然需要进行交通管制，对于处于运营阶段的桥梁，将严重影响桥梁服务水平。

桥梁缆索更换工程实例　表 1-3

桥梁类型	通车年份	缆索更换年份	服役年限
斜拉桥	1982	1995	13
斜拉桥	1987	2006	19
斜拉桥	1987	2003	16
斜拉桥	1988	1995	7
斜拉桥	1988	1998	10
斜拉桥	1992	2002	10
系杆拱桥	1994	2011	17
悬索桥	1995	2015	20
系杆拱桥	1997	2012	15
悬索桥	1999	2009	10
系杆拱桥	2001	2012	11
系杆拱桥	2002	2011	9
悬索桥	2004	2015	11
斜拉桥	1962	1979	17
斜拉桥	1967	1977	10
斜拉桥	1974	1977	3
斜拉桥	1978	1983	5

缆索运营过程中受到荷载变化、材料性能退化和自然与环境因素的持续影响，缆索密封防护作为缆索主体直接抵御外部环境有害侵蚀的保护结构，一旦功能失效，处于高应力状态的缆索钢丝在高温、高湿、未完全密封的不利运行环境中，极易产生钢丝的加速锈蚀问题，从而降低缆索使用寿命和安全系数。因此，为确保缆索承重桥梁长期处于较高的服务水平和高安全状态，需要研究、设计和使用能够确保持续满足拉索使用条件的密封防护方案，并通过有效的检测手段和预防性养护措施，科学判断和及时发现并修复缆索密封防护结构缺陷，对出现安全风险的拉吊索进行更换。

1.3.2　缆索系统腐蚀失效机理

不同类型的缆索腐蚀的原因和机理大致相同，即防护结构受到破坏，外部雨水、湿空气和有害物质等进入缆索内部的通道，缆索内部湿度升高，长期处于潮湿环境的钢丝性能退化速率加大、腐蚀加速。

1)缆索腐蚀阶段划分

根据腐蚀发生位置和发生先后次序不同,长期运营的桥梁缆索在腐蚀过程可以分为缆索外部防护结构受损、缆索内部钢丝腐蚀以及缆索锚固区域受损三个阶段。首先,缆索外部防护结构长期暴露在外部环境中,在经历一定的循环应力作用或者遭受到一些难以预期的外力作用后,外部护套发生破损现象;之后,由于缆索外部防护结构受损,外界水汽进入缆索内部,钢丝发生锈蚀现象,对缆索强度造成不利影响;最后,水汽大概率在缆索锚固位置汇聚,从而导致缆索锚固区域的锈蚀现象,锚固区域的锚固能力和力学性能发生折减,威胁整个缆索系统安全。

2)内部钢丝腐蚀失效机理

国际标准 ISO 12944 大气环境腐蚀性分类和典型环境案例见表 1-4。依据表中判断依据,我国东南沿海发达地区建成的大量缆索体系桥梁绝大多数处于腐蚀种类 C3 中等以上。

大气环境腐蚀性分类和典型环境案例　表 1-4

腐蚀种类	单位面积上质量和厚度损失(经第一年暴露后)				温性气候下的典型环境案例(仅供参考)	
	低碳钢		锌		外部	内部
	质量损失(g/m^2)	厚度损失(μm)	质量损失(g/m^2)	厚度损失(μm)		
很低(C1)	≤10	≤1.3	≤0.7	≤0.1	—	加热的建筑物内部,空气洁净,如办公室、商店、学校和宾馆等
低(C2)	100~200	1.3~25	0.7~5	0.1~0.7	低污染水平的大气,大部分是乡村地带	冷凝有可能发生的未加热的建筑(如库房、体育馆等)
中(C3)	200~300	25~50	5~15	0.7~2.1	城市和工业大气,中等的二氧化硫污染以及低盐度沿海区域	高湿度和有些空气污染的生产产房内,如食品加工厂、洗衣场、酒厂、乳制品工厂等
高(C4)	400~650	50~80	15~30	2.1~4.2	中等含盐度的工业区和沿海区域	化工厂、游泳池、沿海船舶和造船厂等
很高(C5)	650~1500	80~200	30~60	4.2~8.4	高湿度和恶劣大气的工业区域和高含盐度的沿海区域	冷凝和高污染持续发生和存在的建筑和区域
极端(CX)	1500~5500	200~700	60~180	8.4~25	具有高盐度的海上区域以及具有极高湿度和侵蚀性大气的热带亚热带工业区域	具有极高湿度和侵蚀性大气的工业区域

缆索防护结构长期暴露在空气中，经受着紫外线的照射、雨水冲淋、有害气体的侵蚀作用等，历经一定的循环应力作用，材料中的微裂纹、空隙等各种损伤将逐渐萌生、扩展和合并，防护材料性能不断恶化；紫外线的照射或有害溶剂的渗透会进一步导致防护材料分子间的凝聚力(分子间的强力结合)降低，引起分子移动，并宏观表现为外部防护结构的老化和龟裂。外部防护结构损伤和破坏后，缆索内部钢丝直接与外部环境连通，环境中的氯离子、硫酸离子、碳酸离子等腐蚀性离子直接接触到钢丝，这些腐蚀性离子同进入到索体内部的水汽的共同作用，使钢丝或钢绞线的镀锌层等防护措施逐渐失去保护作用，钢丝开始发生腐蚀损伤。根据美国 Uhlig 教授的研究，如果相对湿度在 40% ~60% 之间，钢丝腐蚀会以非常缓慢的速率发生，而一旦相对湿度超过 60%，腐蚀速率将大幅度增加，即缆索腐蚀速率与所处的环境湿度具有较高的相关性。另一方面，这些有害离子与水汽还可能在缆索锚固区域聚集，这也会对缆索的使用寿命和桥梁的安全运营造成严重的影响。南方某悬索桥缆索内部环境检测如图 1-15 所示。在各类环境因素的综合作用下，这一桥梁某些吊索内部湿度长期处于 75% 左右，极易发生钢丝腐蚀问题。

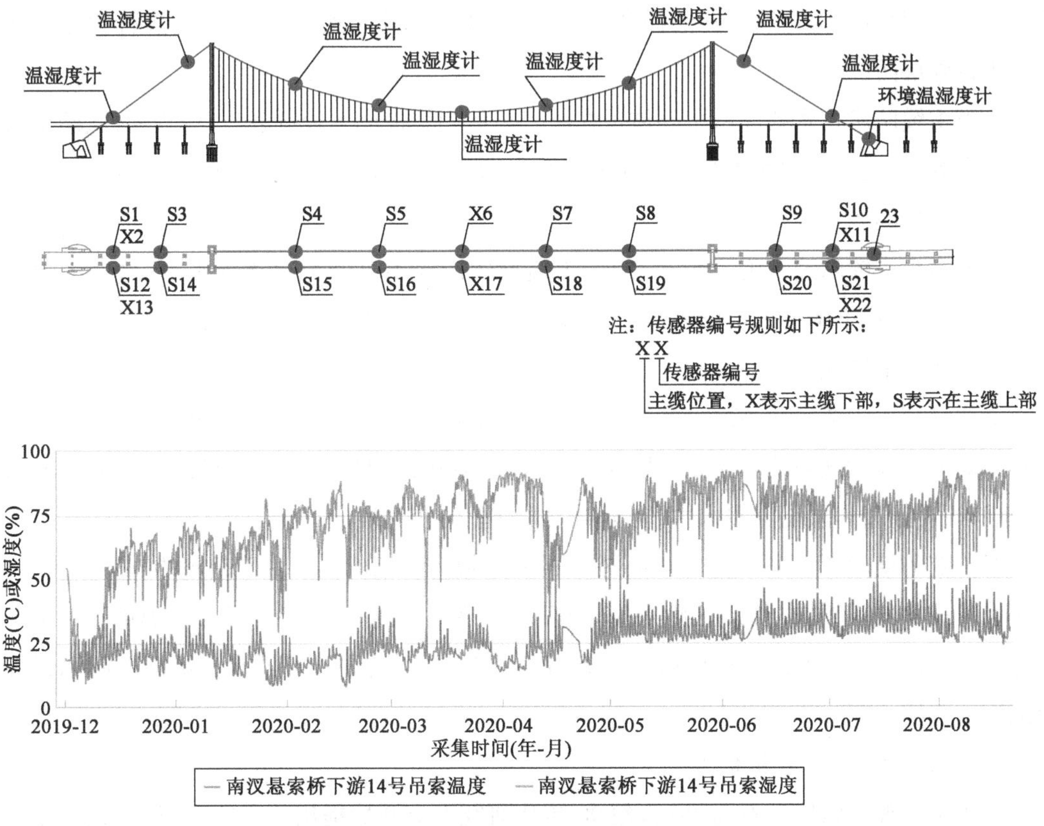

图 1-15　南方某悬索桥缆索内部环境检测

1.3.3 缆索系统防腐技术

悬索桥主缆、吊索以及斜拉桥斜拉索等承重缆索的受力状况、锚固情况、使用条件等有所不同,针对不同缆索的防腐防护技术也有一定的差异。

1)主缆防护

主缆防腐主要有两种技术路线:一种是传统的主缆防腐方法,通过建立密封防护系统,将主缆内部钢丝与外部环境隔绝,要求防护系统应有较好的密闭性和耐久性。另一种是做好防护体系密闭性的前提下,增设主缆主动除湿系统,通过主动注入干燥空气的方式降低主缆内部湿度,防止主缆内部钢丝发生腐蚀现象。

(1)传统主缆防腐体系

传统主缆防腐体系是通过对主缆缠丝、涂装等操作,使悬索桥主缆外层形成膏状嵌缝腻子层、缠绕钢丝层、防护底漆或密封剂层以及彩色防护漆四大保护层,传统主缆防腐设计如图 1-16a)所示,加上对于主缆内部钢丝表面的镀锌处理,保证钢丝在桥梁运营期间性能的稳定性。多年来,随着这一主缆防护方法的延续应用,这一技术得到持续的改进,这些改进主要体现在:对于镀锌钢丝防腐性能的提升、对膏状嵌缝层材料性能的提升、增加多种缠包带和密封剂进行外层防护等方面。

这类主缆防腐技术的优点主要体现在施工与后期维护成本较低、施工流程简便、防腐效果较为稳定等方面,因此它在主缆腐蚀问题不突出的桥梁中得到了普遍应用。但同时,这类技术存在三方面的问题:

①悬索桥主缆的架设施工长达数月,主缆钢丝内部不可避免会渗入水汽;另外运营过程中,由于外界气温下降导致主缆密封层内部形成冷凝水,这两方面水汽无法完全排出,可能导致主缆钢丝逐渐腐蚀。

②尽量减少主缆表面各部分的连接间隙,是确保主缆密封性能的关键问题之一。但密封材料长期暴露在大气环境和紫外线照射下,易产生老化开裂现象。而一旦涂装或嵌缝材料开裂,水汽则会通过表层裂隙侵入主缆,影响主缆钢丝的使用寿命。

③传统的缠丝通常采用直径 4mm 左右的圆形镀锌软钢丝。但由于钢丝的制造误差、施工方法以及设备的限制,难以保证缠绕钢丝之间完全密贴。此外,主缆在荷载和温度作用下的弹性伸长也会使缠绕钢丝之间产生微小间隙和主缆索夹松动,导致外界水汽从钢丝间和索夹的缝隙进入主缆内部。

(2)主动除湿主缆防腐系统

与传统主缆防腐体系不同,20 世纪 90 年代研究人员开始提出主动除湿概念,这一方法将主缆内部的防腐作为研究重点,通过向主缆中注入干燥空气的方式主动降低主缆内部湿度,从而达到防止主缆钢丝被腐蚀的目的。

这类防护技术要求主缆外部防护体系具备良好的气密性，以保证注入的干燥空气不会泄漏溢出，从而使干燥空气可以贯穿整个缆索。而为了保证主缆表层防护的密封性，最初应用主动除湿技术的明石海峡大桥采用了在圆形缠绕钢丝外缠包橡胶带的方法。之后随着 S 形截面缠绕钢丝的研发，以及更加能适应主缆变形的防腐柔性材料的应用，现阶段使用主动除湿技术的桥梁的外层防护结构主要采用“S 形/圆形钢丝缠绕 + 缠包带/柔性涂料”的形式［缆索主动除湿设计如图 1-16b）所示］，既保证了主缆外部防护体系的气密性，也保证了主缆外部防护体系的变形性能以满足主缆施工、运营期间的要求。

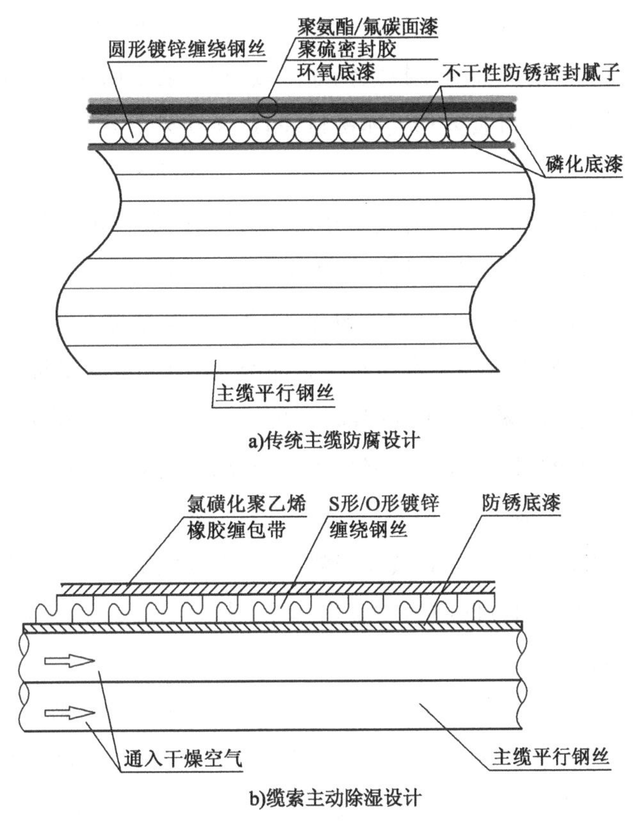

图 1-16　主缆防腐设计

主缆除湿系统先后应用于日本明石海峡大桥、来岛大桥、白鸟大桥等项目，从目前的使用状况来看，该系统的防腐效果良好。而在国内，经过十几年的发展，近年来建成许多主跨超过 1000m 的悬索桥，如清水河大桥、龙江大桥、杭瑞高速公路洞庭湖大桥、杨泗港大桥、赤水河大桥、金安金沙江大桥、五峰山大桥等均采用了主动除湿系统。

虽然由于防腐效果好、应用场景广泛等优点，主动除湿主缆防腐系统在近些年被应用到了大量实际桥梁中，但这一技术仍然存在着一些不足，主要包括：

①主动除湿主缆防腐系统技术门槛较高,为了保证主动除湿效率,需要对于主缆表层防护密封性、主动除湿设备系统进行系统性研究。

②主动除湿主缆防腐系统成本较高,同传统主缆防腐系统相比,主动除湿主缆防腐系统对于主缆外部防护体系的要求更高,且生产设备、送排气系统的成本较高。再考虑到后期运营维护期间将会产生的费用,主动除湿主缆防腐系统的直接成本将是传统主缆防腐系统的数倍。

③随着近些年主动除湿主缆防腐技术在许多实桥中的应用,发现多种因素均可能导致主缆除湿效率较低,需要对于除湿系统以及缆索外层防护进行定期维护。

2)斜拉索防护

斜拉索的体量比主缆小,且可以更换,一般采用在外部施加护套的方式,保证拉索内部密封性能,从而达到防腐的目的。而对于拉索锚固区域,则一般采用在末端锚杯填充环氧树脂的方式进行密封,并发明胶环密封装置和气体密封装置,防止外界水汽、腐蚀介质等进入索导管并集聚于锚头。

由于拉索的腐蚀破坏一般从护套的破损开始,而护套的破损也将加剧拉索内部钢丝腐蚀过程,为减少外层护套由于材料老化和循环应力的作用导致的破坏。一些建设项目联合制造和科研单位开展联合攻关,针对性地对拉索外部防护体系构造进行了改进。2006 年,在苏通长江大桥和珠江黄埔大桥分别开展长寿命斜拉索研究,并同时采用了缆索盘条钢丝外缠高强聚氟乙烯(PVF)缠包带、外层采用双层热挤高密度聚乙烯(HDPE)的防护方式,使用效果较好,并在以后的斜拉索防护结构设计中普遍采用。研究表明,双层 HDPE 增强了防护结构整体力学性能和抗击外部损伤的能力,另外,PVF 缠包带对钢丝和热挤 HDPE 起有效隔离作用,当拉索受静荷载作用时,双层 HDPE 能有效地释放应力,有效保证了护套的长期使用性能。2010 年,阜宁新兴大桥采用 PES(FD)低应力防腐索,斜拉索索体就采用双层 HDPE 防护,在双层 HDPE 之间设置一个隔离层。

除此之外,为了保持缆索护套耐久性,许多学者也针对护套的材料进行了研究。由于聚氨酯(TPU)材料具有较强的抗拉伸性能,较宽的温度使用范围以及较好的耐气候老化、耐水解性以及耐紫外辐射性能,有人提出了采用聚氨酯(TPU)材料作为电缆护套材料。2013 年,袁腾提出了在外层护套表面涂装高耐候性、高耐久性的氟碳涂料的方案,并在此基础上提出了相关方案的施工工艺,其效果需要实践的验证。另外,近年来,人们从主缆抽湿系统设置及其使用效果得到启示,通过在斜拉索梁侧锚端设计抽湿系统的做法向拉索输送干燥空气来解决拉索的腐蚀问题。

3)吊索防护

吊索一般采用平行钢丝吊索和钢绞线吊索。平行钢丝吊索同斜拉索的防护措施相似,针对吊索的密封防腐问题,一般也通过施加外层护套的方式保证吊索内部钢丝的密封性能。而对于吊索锚固区域,同样采用填充的方式进行密封。

平行钢丝吊索的钢丝长期处于受拉状态,在蠕变、活荷载、温度应力等因素作用下,其上的防护材料容易发生开裂、老化等问题。伴随着吊索防护材料的损伤,吊索内部密封性能也将难以得到保障,钢丝容易发生腐蚀问题。基于吊索损伤机理,很多单位探索了多重防护体系。2009 年,郭万生等提出了吊索压力注入密封材料防护方法,该技术采用密封剂技术对吊索进行密封防腐处理,防止表面涂层在振动的交变应力下出现裂痕。而钢绞线吊索一般设计采用重涂装方法对镀锌钢绞线进行涂装防护,运营阶段较为普遍地采用缠包带和密封胶方式进行索体的密封防腐蚀防护。

4)缆索密封防护技术小结

国内外主要从缆索防腐方法、索体密封防腐技术、锚固区域防腐技术等三个方面对桥梁承重缆索防腐技术进行研究。尽管,基于设计技术标准采用的缆索密封防腐技术在各类工程广泛应用且工艺较为成熟,但从在役运营桥梁缆索情况显示来看,缆索防护问题具有普遍性,而且个别桥梁的缆索密封防护问题较为严峻。主缆密封防护结构的耐用性、适应性和有效性,因缆索钢丝的早期锈蚀和较短时间内严重锈蚀受到质疑,因此,必须从本质出发研发出行之有效的防护结构和材料,同时,提醒桥梁管理部门需要注重后期养护工作的专业性、主动性、有效性。拉索和吊索防腐结构合理可行,现阶段出现的问题主要集中在锚固区域的密封防护,因此必须采取有效方法及时检测、发现和消除锚固区域的病害。

1.4　本章小结

本章主要介绍我国缆索承重桥梁的建设现状以及各类桥梁承重缆索的基本构造、特点,分析了解决桥梁承重缆索耐久安全所面临的抗火和防腐两类最突出问题。在整个桥梁运营期间,缆索将一直面临桥梁火灾的威胁,特别是车辆导致的火灾问题,这类火灾发生概率较高且造成的影响尤为突出,对于往来危险化学品车辆较多的桥梁,必须对缆索防火问题进行专门研究。与此同时,桥梁缆索在运营期间还一直面临环境作用,多种因素都可能导致缆索护套破损以及钢丝腐蚀问题的发生。桥梁抗火与防腐问题具有影响因素多、潜在作用时间长、作用位置不确定等因素,另外,由于各类缆索的构造、受力情况、对整体结构重要程度等方面均存在差异,这些都决定了不同缆索系统的防护需求也有所不同。基于不同类型缆索所面临的抗火隔热和密封防腐需求,分析缆索火损和腐蚀机理,发现现有的防护技术要彻底解决问题难度较大。

结合上述分析,在缆索体系桥梁发展过程中,作为桥梁生命线的承重缆索及其锚固系统在设计、制造、安装、使用等环节普遍存在不同程度的问题。防火防腐体系作为保护缆索系统安全使用最后环节,既相互独立又相互关联成为综合保护的防护整体。下面章节将从缆索体系耐候密封防护抗腐蚀和耐火隔热保护抗灾变的技术原理、方法、标准和材料、产品、工艺等，紧密结合桥梁缆索防护工程实践案例进行介绍。

本章参考文献

[1] 陈辉，于力，俞健. 斜拉索受货车自燃过火高温影响的损伤评估与修复[J]. 公路交通科技(应用技术版)，2013，9(5)：1-3.

[2] 陈胜. 大跨悬索桥主缆防护的分析研究[D]. 大连：大连理工大学，2012.

[3] 陈新. 悬索桥平行钢丝吊索腐蚀分级标准研究[D]. 重庆：重庆交通大学，2019.

[4] 顾安邦. 桥梁工程：下册[M]. 北京：人民交通出版社，2000.

[5] 郭万生，杨振波，周军辉，等. 悬索桥吊索压力注入密封防腐蚀技术[J]. 全面腐蚀控制，2009(12)：42-44.

[6] 胡志鹏. 桥梁缆索系统腐蚀全寿命理论研究[D]. 西安：长安大学，2006.

[7] 黄道全，谢邦珠，范文理. 宜宾小南门金沙江大桥桥面系断裂事故分析与修复[C]//中国公路学会桥梁和结构工程学会2003年全国桥梁学术会议论文集. 2003.

[8] 李艳，汪剑，周国华. 大跨径悬索桥缆索体系抗火设计研究[J]. 公路，2018，63(5)：8.

[9] 刘海燕. 日本悬索桥主缆送气干燥系统[J]. 世界桥梁，2018，46(4)：94-95.

[10] 刘士林，梁智涛. 斜拉桥[M]. 北京：人民交通出版社，2002.

[11] 宁波，刘永军，于保阳，等. 油罐车火灾场景下斜拉桥钢索极限承载力有限元分析[J]. 钢结构，2012，27(2)：68-72.

[12] 秦向杰，戴世宏. 斜拉桥拉索线密度对拉索索力测量的影响分析[J]. 交通标准化，2010(11)：125-128，215.

[13] 商汉章，白华栋，刘伟，等. 高耐候悬索桥主缆密封防护系统[J]. 电镀与涂饰，2015，34(6)：327-330，361.

[14] Uhlig H H，Frankenthal R P. Corrosion and corrosion protection [C]//The Electrochemical Society. Proceedings of an international symposium honoring Professor Uhlig H H on his seventy-fifth birthday. Thousand Oaks，1981.

[15] 王莹，刘沐宇. 大跨径悬索桥缆索抗火模拟方法[J]. 中南大学学报(自然科学版)，2016，47(6)：2091-2099.

[16] 解玉侠. 悬索桥锚碇系统腐蚀状况评估与对策研究[D]. 重庆：重庆交通大学，2013.

[17] 徐玉林，诸葛萍，孙莉莉，等. 桥梁 CFRP 缆索外包陶瓷纤维的防火性能研究[J]. 宁波大学学报(理工版)，2019，32(2)：91-96.

[18] 叶觉明. 缆索用钢丝的断丝问题[J]. 钢结构，2003，18(3)：35-36，45.

[19] 袁腾,祝志荣,余朝阳,等.桥梁斜拉索 PE 套管保护涂层及其施工工艺优化研究[J].公路交通技术,2013(2):102-106.

[20] 张劲泉,李承昌,郑晓华,等.桥梁拉索与吊索[M].北京:人民交通出版社,2013.

[21] 张可心.火致拉索损伤斜拉桥力学性能分析及评定[D].哈尔滨:东北林业大学,2014.

[22] 朱建龙,徐文雷.悬索桥主缆防护用 S 形钢丝 + 干空气除湿系统的应用[J].公路,2013,58(12):118-121.

第2章 玄武岩纤维及其复合增强材料产品

玄武岩是由火山喷发岩浆冷却后凝固而成的无机硅酸盐岩石。玄武岩纤维是以天然玄武岩为原料,经过特殊工艺加工而成的无机纯天然连续纤维。玄武岩纤维具有质量轻、阻燃隔热耐高温、抗腐蚀、抗辐射、绝缘、隔声、弹性模量高、力学性能好,普遍适用于不同环境,是一种综合性能优、性价比高的纯天然、环保型无机非金属材料。

玄武岩纤维复合增强材料是以玄武岩纤维为基础材料,通过特定工艺和化学添加合成的具有特定功能特征的玄武岩纤维基材料。玄武岩纤维复合增强材料通过改变化学组分、变化基础材料构造、与其他材料相互结合等方法改变或改进其物理、化学性质,加工制作形成具有不同性质的各类玄武岩纤维产品。

利用玄武岩纤维和玄武岩纤维复合增强材料质量轻、力学性能好和阻燃隔热耐高温、抗腐蚀、绝缘、抗辐射的优点,通过改进材料构造和不同材料结合的技术改进措施,研发出解决缆索抗火密封问题的高品质玄武岩纤维复合增强产品。

2.1 玄武岩纤维及其性能

2.1.1 玄武岩纤维

玄武岩纤维是以天然玄武岩为原料,粉碎并经过1450~1500℃高温熔融后,通过特殊金属材料漏板拉丝而成的长(连续)纤维,生产过程如图2-1所示。

我国把玄武岩纤维、碳纤维、芳纶与超高分子量聚乙烯纤维一同列为重点发展的四大纤维,并列为可以满足国民经济基础产业发展需求的新型基础材料。玄武岩纤维既是21世纪符合生态环境要求的绿色高新工业材料,又是一个在世界高新技术纤维行业中可持续发展的有竞争力的新材料产业。

玄武岩纤维具有质量轻、阻燃隔热耐高温、抗腐蚀、抗辐射、绝缘、隔声、弹性模量高、力学性能好,普遍适用于不同环境,是一种综合性能优、性价比高的纯天然、环保型无机非金属材料。目前,玄武岩纤维及其复合材料已在我国国防建设、交通运输、土木建筑、汽车制造、安全环保、石油化工、电子通信、航空航天等领域中应用。

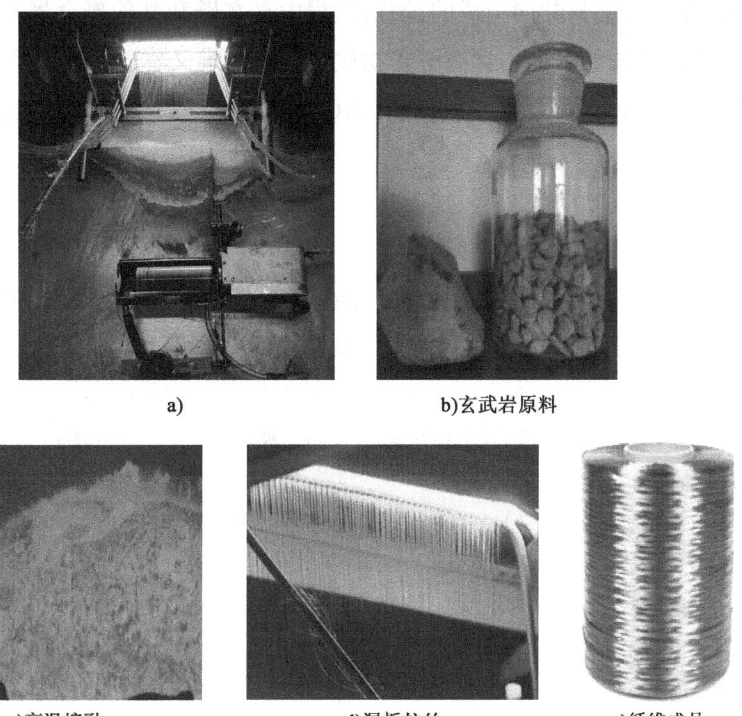

a)　b)玄武岩原料

c)高温熔融　d)漏板拉丝　e)纤维成品

图2-1　玄武岩纤维生产过程图

同其他几种主要由SiO_2组成的岩石级配料纤维相比,玄武岩纤维的成分有一定差异,玄武岩纤维、无碱玻璃纤维(以下简称E~玻纤)、高强玻璃纤维(以下简称S~玻纤)以及陶瓷纤维的化学组分对比如图2-1所示。

各种纤维成分对比　表2-1

化学组分	各化学组分所占比例(%)			
	玄武岩纤维	E~玻纤	S~玻纤	陶瓷纤维
SiO_2	47~55	52~53.4	50~65	42~52
Al_2O_3	13~19	13.5~14.5	23.5~26.5	38~55
B_2O_3		8.0~9.0	0~4	
CaO	3~10	18.5~19.5		
MgO	4~10	3.6~4.4	10~19.5	
Na_2O+K_2O	3~10	0~1		0~0.5
TiO_2	1~3	0~0.5		
$FeO+Fe_2O_3$	8~15	0~0.6	0.5~1.5	0~1.2
ZrO_2				0~17

玄武岩纤维生产原料单一且来源于自然界,其生产过程不需要其他原料配料,对环境危害小,且废弃后可自然降解,属于环境友好型材料。而玻璃纤维是由叶蜡石、石英砂、石灰石、硼钙石、硼镁石、萤石等原料共同组成的,制造过程中存在硼和其他碱金属氧化物添加以及析出过程,导致生产时排放的烟尘中含有有害物质。陶瓷纤维又称硅酸铝纤维,其主要成分是氧化铝和二氧化硅,生产过程需要添加氧化锆(ZrO_2)进一步提高耐高温性能,生产工艺比玄武岩纤维复杂。

2.1.2 玄武岩纤维性能

玄武岩纤维具有化学性质稳定、力学性能较好、热稳定性好等优点。横向比较几种岩石级配料纤维,玄武岩纤维、E~玻纤、S~玻纤以及陶瓷纤维的主要性能对比见表2-2。

玄武岩纤维、玻璃纤维和碳纤维性能对比　　表2-2

性　能	玄武岩连续纤维	E~玻纤	S~玻纤	陶瓷纤维
密度(g/cm^3)	2.75	2.55	2.52	1.8~3.0
拉伸强度(MPa)	3000~4500	3000~3800	2350~2950	2500~4000
弹性模量(GPa)	80~93	72~75	82~86	187~420
断裂伸长率(%)	3.1	4.7	5.0	0.4
蠕变断裂应力(%)	55	29	32	52
最高工作温度(℃)	700	400	400	1000~1600
软化温度(℃)	1200	700	700	1700~2700
400℃、1h强度保留率(%)	85	62	60	90
导热系数[W/(m·K)]	0.031	0.034	0.036	0.056

通过同其他纤维材料的性能进行比较,可以发现:玄武岩纤维在耐候性能、热稳定性能以及隔热性能等多方面基本均优于各类玻璃纤维,仅断裂伸长率较为逊色,对于力学性能要求并不是很严格而需要材料具有良好隔热与耐候能力的应用场景,玄武岩纤维具有明显的优势。陶瓷纤维虽然质量轻、绝热性能好、热稳定性好、化学稳定性好,但它既不耐磨又不耐碰撞,不能抵抗高速气流的冲刷,不能抵抗环境的长期侵蚀。

2.1.3 玄武岩纤维复合增强产品

玄武岩纤维复合增强产品是以玄武岩为原料经高温熔融制成的连续纤维、粗纤维、细纤维、纤维鳞片等为基础材料,通过纺织、涂层、添加、合成等工艺,加工制作形成具有不同性质的各类玄武岩纤维产品。可以通过三种主要方法改变玄武岩纤维产品的物理、化学性质,包括改变化学组分、变化微观构造、同其他材料相互结合。其中,改变化学组分应在制造玄武岩纤维的高温熔融玄武岩矿石这一环节进行,通过向其中添加某些元素的方式使玄武岩纤维某些性能更加突出;通过玄武岩纤维原丝不同涂敷、加捻加工工艺等改变玄武岩纤维微观构造和结构组合方式的做法，得到不同功能和性能要求的玄武岩纤维产品；通过热固化、自然固化、力学合成等不同工艺，将玄武岩纤维同其他性状融合材料相结合，制造玄武岩纤维复合产品。玄武岩纤维直径一般在 7～25μm 之间，在玄武岩纤维制造过程中，可通过等离子法、机械处理、阴极氧化法、电晕放电法、辐射处理、活化热处理等额外处理方法对纤维表面修饰后，增加玄武岩纤维表面粗糙度，从而增加纤维与其他材料的接触面，提高纤维与其他材料的结合力。这使得以玄武岩纤维为基础，复合其他材料，共同组成具有某种特性的玄武岩纤维复合产品具有可行性。

1）玄武岩无捻纱

玄武岩无捻纱是用单股或多股平行连续玄武岩纤维原丝在不加捻的状态下并合而成的玄武岩制品，单丝直径一般在 7～25μm，具有高强度、高模量、耐高温、抗辐射等特性，尤其是与树脂结合的界面粘结强度很高，如图 2-2 所示，主要性能指标见表 2-3。

图 2-2　玄武岩无捻粗纱

玄武岩无捻粗纱主要性能指标　　表 2-3

性能项目	拉伸强度（N/tex）	浸润剂含量（%）	含水率（%）	纤维直径（μm）	弹性模量（GPa）	断裂延伸率（%）
性能指标	≥0.6	≥0.8	≤0.1	7～16	≥95	≥2.6

2）玄武岩有捻纱

玄武岩有捻纱是由单股或多股玄武岩原丝经过退并、加捻而合成的纱线，单丝直径一般为 5.5～11μm，如图 2-3 所示，主要技术指标见表 2-4。

玄武岩有捻纱主要技术指标　　表 2-4

性能项目	弹性模量（GPa）	拉伸强度（N/tex）	断裂延伸率（%）	浸润剂含量（%）	含水率（%）	纤维直径（μm）
性能指标	≥95	≥0.6	≥2.6	≥0.8	≤0.1	5.5～11

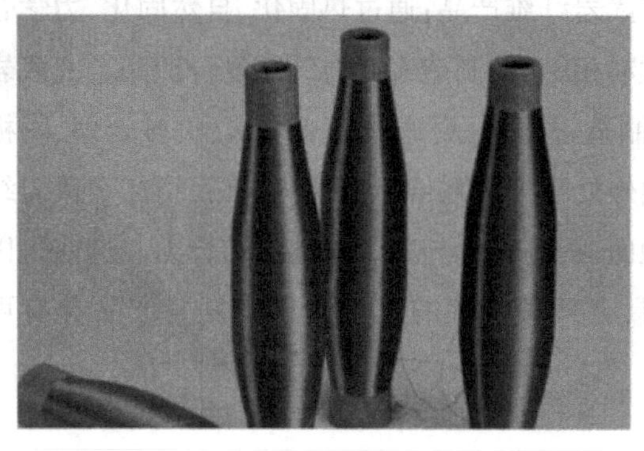

图 2-3 玄武岩有捻纱

3)玄武岩纤维带

玄武岩纤维带是由玄武岩无捻粗纱和膨体纱编织而成,具有抗老化、耐高温、耐酸碱性、良好的阻燃性和绝缘性、很低的吸潮性等特性,如图 2-4 所示。玄武岩纤维带广泛应用于汽车管中间冷却器、增压器、涡轮增压通风管、管道、起动机、软管、接线口、冷空气感应系统、反射热量保护构件的缠绕包覆,实现对各部件的隔热保温作用。

图 2-4 玄武岩纤维带

4)玄武岩纤维防火布

玄武岩纤维防火布是用玄武岩纤维细纱编织而成,具有不燃、无烟、耐高温、无毒害气体排出、绝热性好、无熔融或滴落、强度高、无收缩现象等优点。玄武岩纤维防火布及其相关制品如图 2-5 所示。玄武岩纤维防火布有斜纹布和缎纹布,经过高温、无毒害、阻燃无烟的涂层处理后,可用作避火防护服内衬和阻燃、隔热面料,也是防火帘的最佳材料。

5)玄武岩纤维毡

玄武岩纤维毡是采用一定长度的玄武岩短切纱,经过特殊铺网、织造等工艺制作而成,如图 2-6 所示。玄武岩纤维本身属于无机纤维,天然环保,适用于耐酸碱腐蚀环境,具有阻燃、隔热、高温不燃烧等优势,玄武岩纤维毡可广泛用于制作高温工况的隔热阻燃产品。

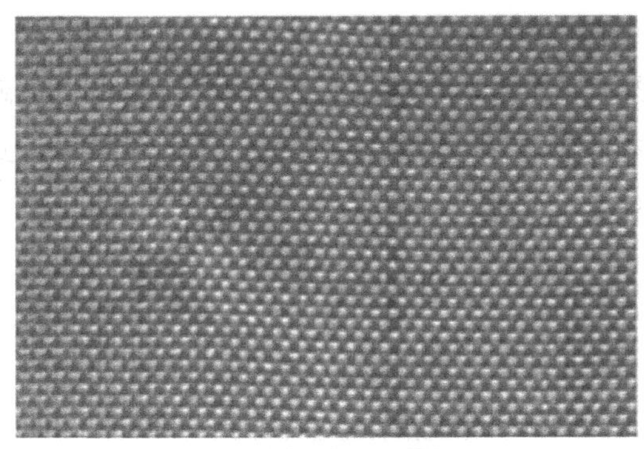
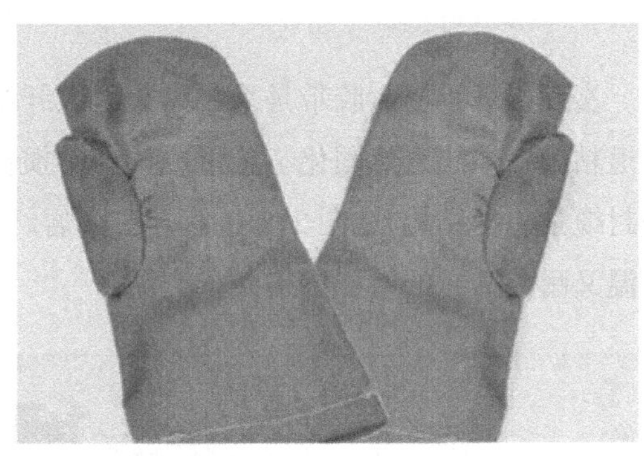

图 2-5 玄武岩纤维防火隔热布及隔热手套

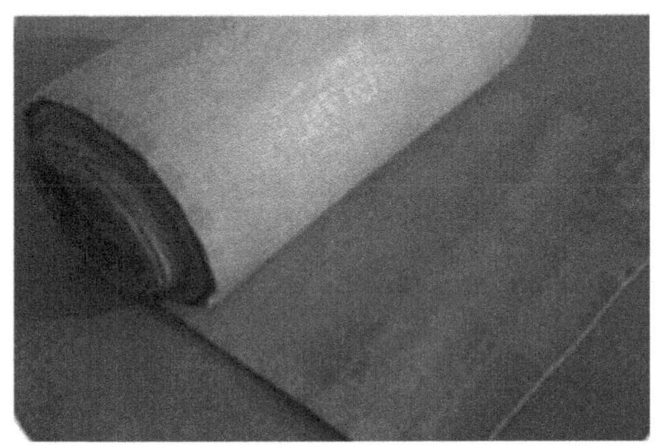

图 2-6 玄武岩纤维保温布毡

6）玄武岩纤维抗火带

玄武岩纤维抗火带是以玄武岩纤维为主要原材料经特殊纺织、热压等工艺加工制作而成的一种高性能复合纤维带状结构物，如图 2-7 所示。玄武岩纤维抗火带具有玄武岩纤维复合产品的特征，特别是在具有阻燃、隔热、高温不燃烧等优势外，与陶瓷纤维抗火产品相比较，还具有明显的力学性能优势，既能满足机械缠绕的力学性能要求，又能满足使用过程一般性的力学需求，玄武岩纤维抗火带可广泛应用于桥梁缆索及钢结构的防火。

图 2-7 玄武岩纤维抗火带

7)玄武岩纤维密封胶带

玄武岩纤维密封胶带是采用耐火阻燃纤维密封胶和玄武岩纤维复合专业布,采用一道或多道粘缠一体式自然固化工艺形成抗力学损伤、拉伸性能和密封效果优秀的纤维增强复合式密封缆索防护结构,如图 2-8 所示。玄武岩纤维密封带吸收了不同材料优点,形成既阻燃、耐高温又耐久密封的特殊结构防护产品。

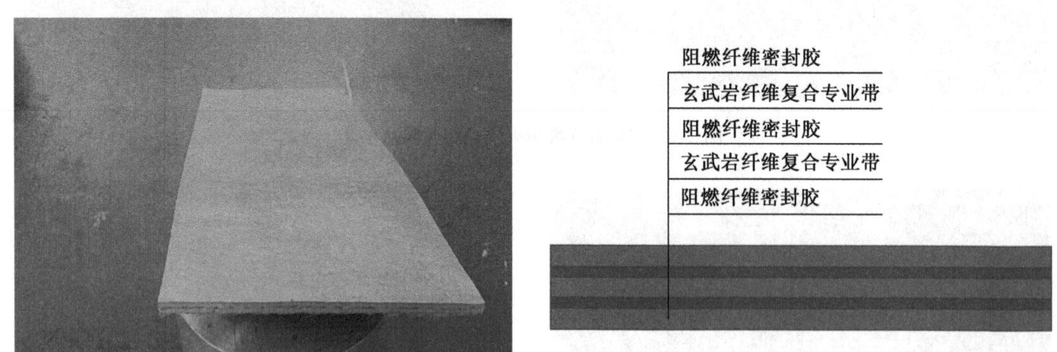

图 2-8　玄武岩纤维密封胶带

2.2　玄武岩纤维抗火带

2.2.1　产品开发背景

研究表明,火灾是承重缆索桥梁面临的最为普遍、风险威胁最大的安全问题,为保证缆索体系的耐久性能和桥梁结构的安全性能,需要特别注意缆索在火灾中的缆索钢丝温度不能上升过快,并在实施有效救援前缆索内部温度必须控制在 300℃以内。目前,各类研究普遍认同采用在缆索外部施加防护产品的方式进行防护,这就要求所施加的防护产品既可以在高温中使用又能够保持良好的隔热性能,还需要满足施工时机械缠包和使用过程抵抗缆索反复振动变形所必需的良好力学性能。

在采用外包裹防火层的防火技术研究中,以往防火层材料选择防火涂料、硅酸铝防火层、陶瓷纤维防火层等,由于试验未能满足预期效果,国内外尚未见桥梁缆索防火防护的实桥实施成功案例。因此,课题组通过材料适配性试验,最终选择了力学性能和热稳定性好、具有良好抗火隔热性能和不同材料良好结合性的玄武岩纤维作为基础性材料。通过多维度、多工况的原材料与实体模拟实验,验证并改进玄武岩纤维复合材料的防火性能,以玄武岩纤维为基材,研发出契合缆索抗火防护特点的玄武岩纤维复合材料——复合纤维抗火带(Fiber Composite Fire Resistance,简称 FCFR 抗火带)。FCFR 抗火带是以玄武岩纤维(单丝直径为 9~11μm)为主要原材料经特殊纺织、热压等工艺加工制作而成的一种高性能复合纤维带状结构物。FCFR

抗火带技术指标见表 2-5。

FCFR 抗火带技术指标　　表 2-5

序号	性能项目	技术指标	试验方法
1	克重(g/m^2)	1000±100	《增强制品试验方法　第 3 部分:单位面积质量的测定》(GB/T 9914.3—2013)
2	厚度(mm)	4±1	《纺织品和纺织制品厚度的测定》(GB/T 3820—1997);压脚面积:(10000±100)mm^2;加压压力:(0.5±0.01)kPa
3	拉伸性能(N/25mm)	≥400	《增强材料　机织物试验方法　第 5 部分:玻璃纤维拉伸断裂强力和断裂伸长的测定》(GB/T 7689.5—2013)
4	导热系数[W/(m·K),540℃]	<0.1	《耐火材料　导热系数试验方法(水流量平板法)》(YB/T 4130—2005)

FCFR 抗火带内部结构疏松、呈多孔纤维状,保证了产品具有优异的抗火隔热性能。同时,产品质量小、密度小,且质地柔软有韧性、拉伸强度大,保持了产品具有良好的力学性能。另外,产品一侧设置高强粘结层,赋予产品优异的粘结性能,保证了产品具有良好的施工便利性,可以适应缠包机等器械施工。

2.2.2　产品隔热性能

FCFR 抗火带用于缆索防护主要起到抗火隔热作用。FCFR 抗火带隔热性能是发挥它在缆索抗火防护体系中抗火作用的重要保证,因此需要进行专门研究,研究内容主要包括 FCFR 抗火带在火灾中隔热性能以及火灾后外观与结构完整性。

选取 4mm 厚的 FCFR 抗火带进行隔热性能试验,将其粘贴在长宽为 300mm×300mm,厚度为 2mm 的钢板表面,用另外一块同尺寸的钢板压在 FCFR 抗火带上,利用功率为 2000W,最高温度可达 1100℃的电子万用炉对钢板进行持续加热,同时为避免高温加热过程中,FCFR 抗火带发生起拱变形影响试验结果,在试件上部设置压顶铁块。另外,还需要在试件表面各层分别预埋设温度传感器,测量不同位置处的温度变化情况,用以评估 FCFR 抗火带的隔热性能,最终形成如图 2-9 所示的试件。其中温度传感器 1 设置在 FCFR 抗火带顶部,用于测试 FCFR 抗火带的表面温度。温度传感器 2 设置在 FCFR 抗火带底部,用于测试 FCFR 抗火带的加热温度。温度传感器 2 与温度传感器 1 之间的温差表示 FCFR 抗火带隔热性能。温度传感器 3 设置在不锈钢板底部,用于反应电子万用炉在试验期间加热温度变化情况。试验中每隔 30s 记录温度传感器的显示温度。

经过电子万用炉 40min 的加热后,测量得到各个温度传感器温度变化情况如图 2-10 所示,可以发现 FCFR 抗火带的隔热性能优异,随着加热时间的增加,隔热性能逐步显现,当加热到 15min 时,隔热温度达到最大,为 270℃,并长期维持直到试验结束。试验完成后,将钢板掀开,FCFR 抗火带加热后的情况如图 2-11 所示。虽然 FCFR 抗火带中的有机物碳化会出现局部发黑的现象，但经过高温作用后，抗火带仍保留着完整形态，并具有一定强度和韧性。试验说明了 FCFR 抗火带在高温作用下可以保持良好的隔热性能以及结构强度和完整性。

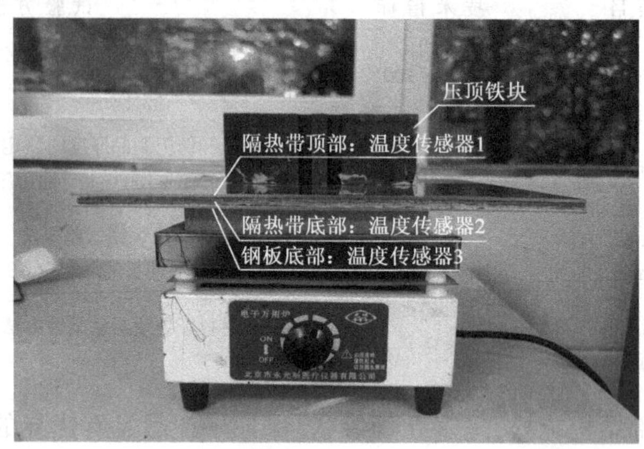

图 2-9 隔热性能试件

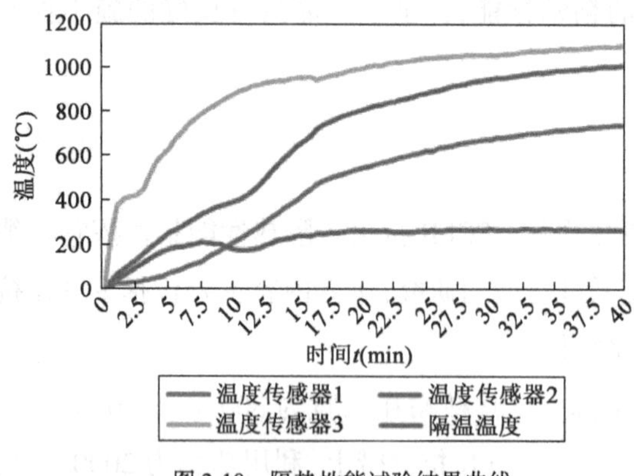

图 2-10 隔热性能试验结果曲线

图 2-11 隔热性能试验后隔热带外观

2.3 玄武岩纤维密封胶带

2.3.1 产品开发背景

1）纤维密封胶带技术背景

为了保证桥梁缆索内部缆索不受腐蚀，也为了保证缆索缆索的抗火防护结构长期性能，需要在防护体系最外层施加密封防护层，该防护层需要具有良好的耐候、密封以及阻燃性能。目前这类最外层的防护体系主要分为两大类：一是聚硫密封胶涂层防护体系；二是缠包带防护体系。这两类体系除耐久密封效果不理想外，均不具备防火和阻燃性能。

聚硫密封胶涂层防护体系的研发及应用较早，是现行技术规范推荐防护结构。聚硫密封胶涂层防护是在主缆 S 形钢丝或镀锌钢丝缠绕后刮涂聚硫密封胶与聚氨酯面漆，实现主缆的密封防护，该防护体系在汕头海湾大桥、西陵长江大桥、厦门海沧大桥、虎门大桥等项目广泛使用，在主缆防护领域占据重要地位。但该防护体系在使用过程中的一些弊端也逐渐暴露，缆索系统受温度、风载、车辆荷载等影响处于长期振动状态，其紧缆缠丝和索夹位置将出现局部滑移或松动现象，而聚硫密封胶涂层防护体系抗拉强度较低，导致防护结构易局部开裂，且聚氨酯面漆耐老化性差，容易粉化，水、湿空气和有害物质从开裂位置进入造成缆索锈蚀和加速老化现象。

缠包带防护体系是近年来较为热门的一种防护体系，尤其是在主缆 S 形钢丝或镀锌钢丝缠绕后缠包氯磺化聚乙烯缠包带或者热塑性弹性体缠包带，随后使用热熔装置，将缠包的接缝处热熔紧固密封，实现主缆的密封防护，新近建成的主跨超过 1000m 的清水河大桥、龙江大桥、杭瑞高速洞庭湖大桥、杨泗港大桥、赤水河大桥、金安金沙江大桥、五峰山大桥等均采用了缠包带防护体系。但缠包带的接缝量多，热熔固化工作量大、工艺复杂，且缠包带不具有自粘附性，同时，依靠热熔固化工艺难以实现防护体系整体耐久密封的效果。目前该防护体系实际使用效果不甚理想。

在充分吸收目前主流缆索防护体系基础上，以玄武岩纤维复合材料为基础，针对缆索防护、密封防护需求，提出并开发强度高、抗裂性能及密封性能优异、耐候性好，同时兼具防火阻燃性能的纤维增强密封防护技术（Fiber Reinforced Seal，简称 FRS 密封技术）和产品。防火阻燃密封防护技术产品是选用耐火阻燃纤维密封胶和玄武岩纤维复合专业布，采用一道或多道粘缠一体式自然固化工艺形成抗力学损伤、拉伸性能和密封效果优秀的纤维增强复式密封缆索防护保护结构——纤维密封胶带（简称 B-FRS 密封带）。FRS 密封技术克服了传统防护结构抗力学损伤和密封效果以及耐久性不理想的问题，又吸收了不同防护结构及不同材料优点，达到耐久密封效果。最终形成了密封性能优于聚硫密封涂层防护体系，抗拉伸能力等力学性能优于缠包带防护体系，并兼具抗火阻燃性能的密封防护体系。该技术可广泛应用于包括异型结构在内的钢结构密封防护、耐火隔热防护、抗力学损伤防护等。

2）纤维密封胶带组分

（1）耐火阻燃纤维密封胶

目前采用的聚硫密封胶防护体系主要依托在航空材料领域研发的聚硫密封胶应用于桥梁缆索的防护，并以此为依托制定了《悬索桥主缆系统防腐涂装技术条件》（JT/T 694—2007）。该防护体系在汕头海湾大桥、西陵长江大桥、虎门大桥、黄埔大桥等国内众多桥梁主缆防护工程中广泛应用，初期具有良好的密封性能，但随着使用时间的延长，聚硫密封胶耐候、耐老化性较差、抗力学压力性能下降，容易被酸性环境腐蚀且不具有阻燃效果等缺点逐步显现，从而导致缆索防护涂层老化、密封胶腐蚀、开裂等问题出现。

根据以往缆索密封防护出现病害的特征分析，结合实际应用提出缆索防护的阻燃和耐高温需求，B-FRS 密封带应具有的密封、阻燃、耐候的技术要求，研发了一种与玄武岩纤维性能兼容的耐高温、阻燃密封胶，称为纤维密封胶，如图 2-12 所示。在工程使用时，纤维密封胶在室温下吸收空气中的水分，固化成弹性体，形成有效密封，另外，它还具有防火、抑烟功能，同目前主要采用的聚硫密封胶相比具有明显的使用性能优势。纤维密封胶技术指标见表 2-6。纤维密封胶主要性能优点包括：

①耐火阻燃纤维密封胶组分单一，无须进行现场配置，施工便利。

②表干时间短，可以快速固化，且不含溶剂，环保且安全性高。

③同聚硫密封胶相比，纤维密封胶具有良好的耐低温性能，冬季低温下也能施工。

④抗变形能力强，对环境材料适用性强，满足施工期间对于不同情况的密封要求。

⑤具有更优的耐腐蚀性、耐水性、耐酸性、耐碱性、耐湿热性、耐冻融，耐候性。

⑥具有耐火、阻燃性能，V0 级阻燃（10s 燃烧试验后，30s 内火焰熄灭，且没有燃烧物掉落），A3 级耐火性能（在火灾中 3h 保持隔热性能以及外观完整），明火不燃烧，点燃温度 650℃以上。

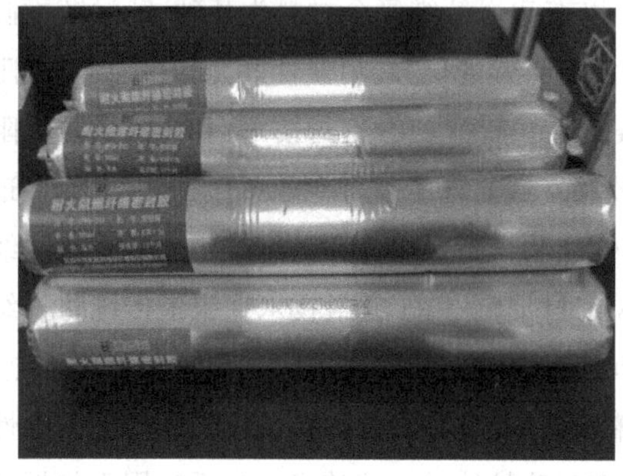

图 2-12　耐火阻燃纤维密封胶

耐火阻燃纤维密封胶性能指标　表 2-6

序号	性能项目	性能指标	试验方法
1	外观	灰色膏状物	目视法
2	密度（kg/m^3）	$\leqslant 1.5\times10^3$	《防火封堵材料》（GB 23864—2009）
3	不挥发分含量（%）	≥92	《色漆、清漆和塑料　不挥发物含量的测定》（GB/T 1725—2007）
4	不粘期（表干时间）（h）	≤10	《室温硫化密封剂不粘期试验方法》（HB 5242—1993）
5	流淌性（mm）	≤10	《室温硫化密封剂流淌性试验方法》（HB 5243—1993）

续上表

序号	性能项目		性能指标	试验方法
6	拉伸性能	拉伸强度（MPa）	≥2.5	《硫化橡胶或热塑性橡胶　拉伸应力应变性能的测定》(GB/T 528—2009)，并参照《建筑密封材料试验方法　第 8 部分：拉伸粘结性的测定》(GB/T 13477.8—2017)中第 8.2 条要求处理试样
		扯断伸长率（%）	≥180	
7	耐液体		在含 3% 氯化钠盐水中（60℃）放置 20d，外观无明显变化	《硫化橡胶或热塑性橡胶　耐液体试验方法》(GB/T 1690—2010)
8	耐介质性能	耐腐蚀性	≥7d，不应出现腐蚀锈蚀现象	《防火封堵材料》(GB 23864—2009)
9		耐酸性	≥3d，不溶胀，不开裂	
10		耐碱性	≥3d，不溶胀，不开裂	
11		耐水性	≥3d，不溶胀，不开裂	
12		耐冻融循环次数	≥15 次，不开裂，不粉化	
13	耐光照（240h）	拉伸强度保留率	≥90%	《硫化橡胶或热塑性橡胶　拉伸应力应变性能的测定》(GB/T 528—2009)，并参照《建筑密封材料试验方法　第 8 部分：拉伸粘结性的测定》(GB/T 13477.8—2017)中第 8.2 条要求处理试样
		外观	表面无裂纹、粉化及其他破损	《色漆和清漆　人工气候老化和人工辐射曝露　滤过的氙弧辐射》(GB/T 1865—2009)，并参照《建筑密封材料试验方法　第 8 部分：拉伸粘结性的测定》(GB/T 13477.8—2017)中第 8.2 条要求处理试样
14	阻燃等级		V0 级	《塑料　燃烧性能的测定　水平法和垂直法》(GB/T 2408—2008)
15	耐火性能	耐火完整性	A3 级≥3h，试件背面无连续 10s 的火焰穿出，棉垫未着火	《防火封堵材料》(GB 23864—2009)
		耐火隔热性	A3 级≥3h，被测试样背火面任何一点温升 <180℃，背火面框架表面任何一点温升 <180℃	

(2)玄武岩纤维复合专业布

为增强B-FRS密封带的抗力学变形性能，提高B-FRS密封带的抗拉强度，同时满足防火性能要求，选用玄武岩纤维复合专业布作为B-FRS密封带的加筋材料。玄武岩纤维复合专业布是利用玄武岩纤维细纱为主要原材料，通过纺织、烘干、热压等工艺和特别功能改进复合而成，具有永久的阻燃性能，极限氧指数(LOI,%)在70以上，耐摩擦性极佳，在1100℃的火焰作用下，不变形、不爆裂，对人体无害，使用中具有不燃性、阻燃无烟、耐高温、无有毒气体排出、绝热性好、无熔融或滴落、力学性能好、无热收缩现象等优点，根据克重及强度的不同分为Ⅰ型玄武岩纤维复合专业布和Ⅱ型玄武岩纤维复合专业布(图2-13)，技术指标见表2-7。各类试验证明，玄武岩纤维复合专业布与纤维密封胶具备强力粘合能力，采用纤维专业布对密封胶进行物理性加筋分格，在保障两种基础材料性能前提下使得B-FRS密封带抗力学变形、耐气体压力性能得到大幅度提升。

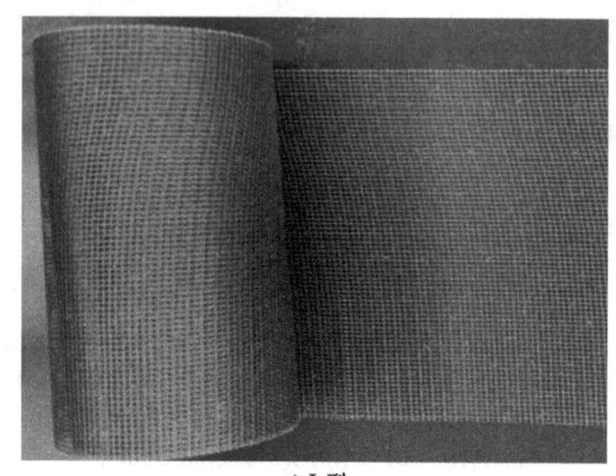

a)Ⅰ型　　b)Ⅱ型

图2-13　玄武岩纤维复合专业布分类

玄武岩纤维复合专业布技术指标　　表2-7

序号	性能项目	Ⅰ型	Ⅱ型	试验方法
1	克重(g/m^2)	130±20	210±20	《增强制品试验方法　第3部分：单位面积质量的测定》(GB/T 9914.3—2013)
2	网孔尺寸(mm)	2×2	—	《增强材料　机织物试验方法　第2部分：经、纬密度的测定》(GB/T 7689.2—2013)
3	径向拉伸性能(N/25mm)	≥600	≥1200	《增强材料　机织物试验方法　第5部分：玻璃纤维拉伸断裂强力和断裂伸长的测定》(GB/T 7689.5—2013)

3)纤维密封胶带技术参数

通过工艺发明，B-FRS密封胶带采用耐火阻燃纤维密封胶和玄武岩纤维复合专业布进行一道或多道粘缠一体式自然固化工艺形成的密封防护结构。根据密封胶带的厚度、玄武岩纤维复合专业布层数的不同，可分为普通型 B-FRS 密封带和增强型 B-FRS 密封胶带。普通型 B-FRS密封胶带使用 2 层 Ⅰ 型玄武岩纤维复合专业布，厚度为 2.0 ~ 3.0mm；增强型 B-FRS 密封胶带使用 2 层 Ⅰ 型玄武岩纤维复合专业布、1 层 Ⅱ 型玄武岩纤维复合专业布，玄武岩纤维复合专业布的层间布置形式为 Ⅰ 型 + Ⅱ 型 + Ⅰ 型玄武岩纤维复合专业布，整体厚度为 3.0 ~ 4.0mm，两类 B-FRS 密封胶带的技术性能指标见表 2-8。B-FRS 密封胶带具有良好的密封性能、耐候性能、阻燃性能，这些特点也符合缆索抗火防护体系对于外层防护结构的需求。

B-FRS 密封胶带技术指标要求　　表 2-8

序号	性能项目		普通型	增强型	试验方法
1	厚度（mm）		2.0 ~ 3.0	3.0 ~ 4.0	游标卡尺
2	不透水性（0.3MPa，30min）		无渗漏	无渗漏	《桥梁缆索防腐缠包带》（HG/T 5600—2019）
3	低温弯折性（－40℃，1h）		无裂缝	无裂缝	《桥梁缆索防腐缠包带》（HG/T 5600—2019）
4	拉伸性能（N/25mm）		≥800	≥1400	《橡胶或塑料涂覆织物 拉伸强度和拉断伸长率的测定》（HG/T 2580—2008）
5	热空气老化性能（80℃，7d）	拉伸强度保留率（%）	≥95	≥95	《桥梁缆索防腐缠包带》（HG/T 5600—2019）
6	耐水性（23℃，7d）		无明显变化	无明显变化	《桥梁缆索防腐缠包带》（HG/T 5600—2019）
7	阻燃等级		V-0	V-0	《桥梁缆索防腐缠包带》（HG/T 5600—2019）

2.3.2 B-FRS 密封胶带抗腐蚀性能

为进一步明确 B-FRS 密封胶带长期性能是否能够得到保障，开展针对 B-FRS 密封胶带耐候性的研究，分别对于 B-FRS 密封胶带在不同腐蚀环境下的结构完整性展开研究。

研究 B-FRS 密封胶带在腐蚀环境中是否可以保证结构完整性，开展耐腐蚀介质试验选用的腐蚀介质包括 10% 浓度的 NaCl 溶液、0.5mol/L 的 HCl 溶液、0.5mol/L 的 H_2SO_4溶液。同时，为进行对比，选用目前主要使用的缆索护套密封防护材料进行对照对比试验。

将双组分聚硫密封胶带、单组分聚硫密封胶带、B-FRS 密封胶带三种不同的试样分别放入盛有 10% 浓度的 NaCl 溶液、0.5mol/L 的 HCl 溶液、0.5mol/L 的 H_2SO_4溶液中，观察并记录试样表面的变化情况，24h 后测试试样质量的变化。最终得到各试件试验结果见表 2-9，浸泡 24h 后各试件效果见表 2-10。

不同密封胶带抗腐蚀性能试验记录表 表 2-9

试验名称	腐蚀介质	原质量(g)	浸泡后质量(g)	质量变化(g)	试件外观变化
双组分聚硫密封胶带抗腐蚀性试验(浸泡 7d)	10% NaCl 溶液	5.6	5.6	0	试件表面产生稍许气泡,无颜色变化
	0.5mol/L HCl 溶液	5.8	5.7	-0.1	试件表面产生大量气泡,褪色严重,且边部有腐蚀迹象
	0.5mol/L H_2SO_4溶液	6.0	6.1	0.1	试件表面产生大量气泡,褪色严重,且边部有腐蚀迹象
单组分聚硫密封胶带抗腐蚀性试验(浸泡 7d)	10% NaCl 溶液	6.2	6.2	0	试件表面产生稍许气泡,无颜色变化
	0.5mol/L HCl 溶液	6.4	6.5	0.1	试件表面产生大量气泡,颜色稍许变浅,且边部出现褶皱
	0.5mol/L H_2SO_4溶液	6.6	6.8	0.2	试件表面产生大量气泡,颜色变浅,且边部有腐蚀迹象
B-FRS 密封胶带抗腐蚀性试验(浸泡 7d)	10% NaCl 溶液	7.5	7.5	0	试件表面无气泡产生,无颜色变化
	0.5mol/L HCl 溶液	7.9	7.9	0	试件表面无气泡产生,无颜色变化
	0.5mol/L H_2SO_4溶液	8.1	8.1	0	试件表面无气泡产生,无颜色变化

不同密封胶带在介质溶液中浸泡 **24h** 后的效果 表 2-10

密封胶带类型	介质溶液类型		
	10% 的 NaCl	0.5mol/L 的 HCl	0.5mol/L 的 H_2SO_4
双组分聚硫密封胶带		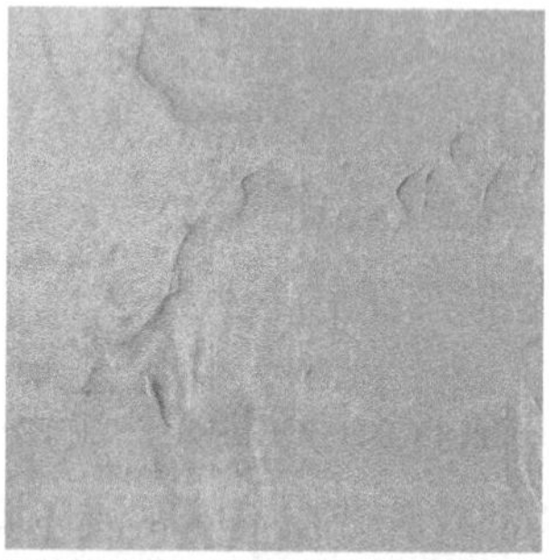	
单组分聚硫密封胶带		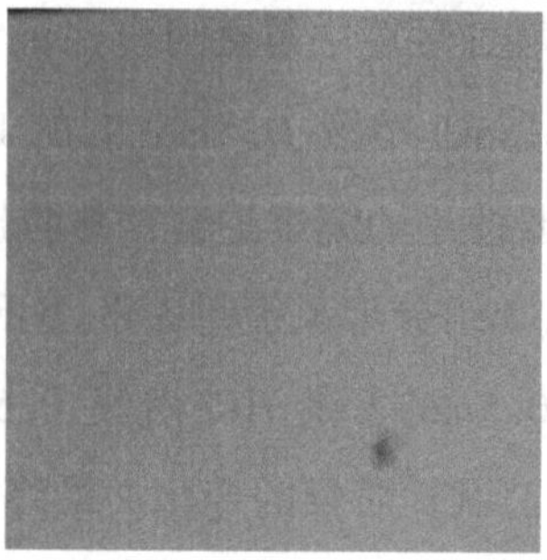	

续上表

密封胶带类型	介质溶液类型		
	10% 的 NaCl	0.5mol/L 的 HCl	0.5mol/L 的 H_2SO_4
B-FRS 密封胶带			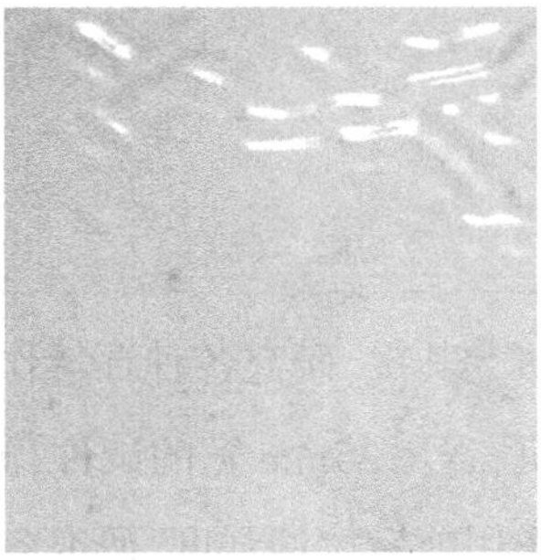

根据试验结果可以发现，双组分聚硫密封胶带和单组分聚硫密封胶带在酸、碱、盐环境中浸泡均会产生气泡，特别是在酸碱环境中，双组分聚硫密封胶带和单组分聚硫密封胶带经过 24h 的浸泡后均发生褪色现象，且边缘出现腐蚀情况，浸泡前后质量也发生变化。这两类密封胶受介质腐蚀影响严重，特别是受酸性腐蚀介质影响最为严重。而 B-FRS 密封胶带在各类环境中浸泡过程中均无气泡产生，也未出现腐蚀现象，浸泡前后质量无变化。由此可以说明，B-FRS密封胶带在各类腐蚀环境下均保持了结构完整，耐候性优于目前主要采用的缆索密封防护材料。

2.3.3　B-FRS 密封胶带力学性能

研究团队开展了 B-FRS 密封胶带在不同腐蚀环境下力学性能保持情况的研究，同时对氯磺化聚乙烯缠包带和 PVF 缠包带等作为缆索密封防护结构主要采用材料进行对比试验。

首先，研究 B-FRS 密封胶带的自然环境条件下的力学性能，选用氯磺化聚乙烯缠包带和 PVF 缠包带等传统热固化缠包带进行对比试验，聚硫密封胶带力学性能远低于其他对比试验材料，故不作同类比较。

试验使用 WD-100KE 电子万能试验机，选用 25mm 宽的试件，检测 B-FRS 密封胶带、氯磺化聚乙烯缠包带及 PVF 缠包带拉伸性能。拉伸性能试验情况如图 2-14 所示，试验结果见表 2-11。

图 2-14　拉伸性能试验情况

拉伸性能试验结果　表 2-11

试验序号	普通型 B-FRS 密封带（N/25mm）	增强型 B-FRS 密封带（N/25mm）	氯磺化聚乙烯缠包带（N/25mm）	PVF 缠包带（N/25mm）
1	1043.7	1987.2	496.5	131.4
2	1082.5	2034.6	513.6	124.6
平均值	1058.6	2010.9	505.1	128.0

其次，研究各种环境作用后 B-FRS 密封胶带的力学性能。采用 WD-100KE 电子万能试验机，选用 25mm 宽的试件，测量 B-FRS 密封胶带在碱、盐、酸环境以及气候老化等各类环境因素作用前后拉伸强度，研究各类环境因素作用后 B-FRS 密封胶带强度保留率。

试验中，分别将成型的 25mm 宽 B-FRS 密封胶带在饱和 $Ca(OH)_2$ 溶液中浸泡 168h、在饱和的 5% 浓度的 NaCl 溶液中浸泡 168h、在完全在饱和的 5% 浓度的 H_2SO_4 溶液中浸泡 168h 以及将其放置在氙灯老化试验机内老化 250h 的方式进行处理后，测量 B-FRS 密封胶带拉伸强度，最终得到各类环境作用前后 B-FRS 密封胶带拉伸性能试验结果，见表 2-12。

B-FRS 密封胶带拉伸性能试验结果　表 2-12

环境作用	试验序号	普通型 B-FRS 密封带拉伸性能（N/25mm）	增强型 B-FRS 密封带拉伸性能（N/25mm）
饱和 $Ca(OH)_2$ 溶液浸泡	2-1	1012.2	1967.2
	2-2	1021.3	1993.6
	平均值	1016.75	1980.4
	强度保留率（%）	96	98.5
5% NaCl 溶液浸泡	3-1	1021.5	1972.2
	3-2	1004.2	1983.6
	平均值	1012.8	1990.9
	强度保留率（%）	95.70	99.00
5% H_2SO_4 溶液浸泡	4-1	965.2	1878.2
	4-2	980.3	1912.5
	平均值	972.8	1895.4
	强度保留率（%）	91.90	94.30
人工气候老化	5-1	1006.7	1942.2
	5-2	1011.5	1932.5
	平均值	1009.1	1937.4
	强度保留率（%）	95.30	96.30

通过不同环境力学对比试验发现，普通型 B-FRS 密封胶带与增强型 B-FRS 密封胶带的拉伸强度分别达到了 1058.6N/25mm 与 2010.9N/25mm，由于加筋材料的存在，B-FRS 密封胶带

的拉伸强度明显优于缠包带。并且在饱和 $Ca(OH)_2$溶液浸泡 168h、5% NaCl 溶液浸泡 168h、5% H_2SO_4溶液浸泡 168h、人工气候老化 250h 后，各类 B-FRS 密封胶带的强度保留率均在 90% 以上，各类环境作用 B-FRS 密封胶带的力学性能影响很小。B-FRS 密封胶带力学性能优于各类传统热固化缠包带，并且在各类环境作用下，仍能够保持良好的力学性能，从而可以实现对于缆索长期有效的密封防护。

2.3.4　B-FRS 密封胶带阻燃性能

与传统的密封防护技术不同，B-FRS 密封胶带兼具耐高温阻燃性能，为验证这项性能，开展了各类燃烧试验。为便于比较，将目前主要采用的缆索外层防护结构——聚硫密封胶作为对照组，同 B-FRS 密封胶带一同进行试验。

分别将聚硫密封胶、B-FRS 密封胶带制作成片状试样分别放在酒精灯明火以及隔离了明火的石棉上烧烤。试验中发现，由于 B-FRS 密封胶带耐火阻燃性能优异，酒精灯的燃烧温度无法将 B-FRS 密封胶带点燃。之后，改用丁烷喷枪（最高温度可达 1000℃）进行明火燃烧试验和丁烷喷枪隔离石棉网进行加热试验，观察各类密封胶样品的燃烧情况。试验中燃烧情况如图 2-15 所示，具体试验结果见表 2-13。

a)两类密封材料酒精灯明火试验

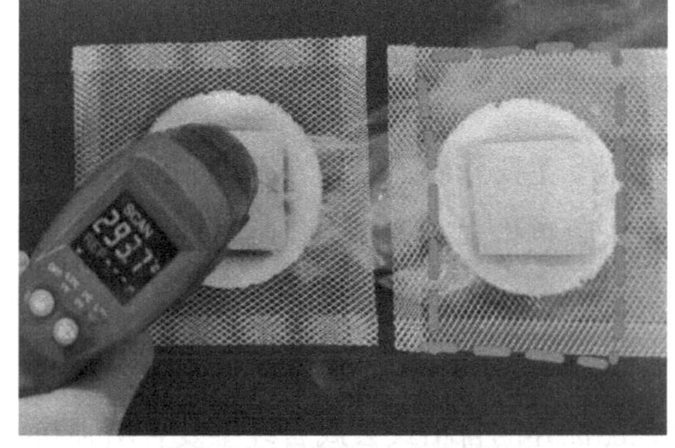

b)两类密封材料酒精灯石棉隔离试验

c)B-FRS密封胶带丁烷喷枪明火试验

d)B-FRS密封胶带丁烷石棉隔离试验

图 2-15　两类密封材料火烧试验

B-FRS 密封胶带阻燃性能试验结果　　表 2-13

试验名称	试块类型	燃烧情况
酒精灯火烧试验（明火直接燃烧）	聚硫密封胶试块	试块迅速被点燃，燃烧剧烈
	B-FRS 密封胶带试块	试块 5min 内未见点燃迹象，仅在受火面出现局部碳化
酒精灯火烧试验（隔离石棉网加热）	聚硫密封胶试块	试块迅速出现烟雾，1min 左右点燃，并剧烈燃烧
	B-FRS 密封胶带试块	试块 5min 内未见点燃迹象，仅在受火面出现局部碳化
丁烷喷枪火烧试验（明火直接燃烧）	B-FRS 密封胶带试块	试块在 650℃左右被点燃，燃烧缓慢，并具有离火自熄的特征
丁烷喷枪火烧试验（隔离石棉网加热）	B-FRS 密封胶带试块	试块在 650℃左右被点燃，燃烧缓慢，并具有离火自熄的特征

试验发现，酒精灯可以引起聚硫密封胶的剧烈燃烧，并造成 B-FRS 密封胶带局部碳化，但不能引起 B-FRS 密封胶带燃烧；丁烷喷枪燃烧时，B-FRS 密封胶带的点燃温度在 650℃左右，且点燃后燃烧缓慢，具有离火自熄的特点，各类火焰作用难以引起 B-FRS 密封胶带发生剧烈燃烧。试验说明，B-FRS 密封胶带具有传统防护体系所缺乏的抗火耐高温阻燃能力，将 B-FRS 密封胶应用于缆索抗火防护体系中，有助于减少缆索防护结构自身燃烧导致的火灾扩散现象，对于抗火防护有重大作用。

2.4 本章小结

本章主要介绍了玄武岩纤维、玄武岩纤维增强材料、玄武岩纤维增强材料产品，具体介绍了抗火隔热带和耐高温密封胶带两种玄武岩纤维增强材料产品及其性能。

玄武岩纤维耐火隔热带（FCFR 抗火带）是一种具有抗火耐火[540℃温度下热传导系数仅为 0.069W/(m·K)]、抗拉伸（拉伸强度 >400N/25mm）、阻燃隔热（隔热温度约 270℃）等综合性能优异的自粘式玄武岩纤维复合增强抗火产品。玄武岩纤维增强密封胶带（B-FRS 密封带）是一种点燃温度 >600℃、拉伸强度 >1400N/25mm、承气压强度 >0.4MPa 的具有优良抗力学变形、耐气体压力、耐腐蚀、阻燃、耐高温等综合性能优异的玄武岩纤维增强密封产品。

FCFR 抗火带、B-FRS 密封带试验证明其具有良好的性能，并将具有广泛的使用场景。下面章节将详细介绍如何利用两种产品的特殊性能解决桥梁承重缆索抗火密封综合防护问题。

本章参考文献

[1] 胡显奇，申屠年. 连续玄武岩纤维在军工及民用领域的应用[J]. 高科技纤维及应用，2005，30(6)：7-13.

[2] 雷同宝，王京红. 阻燃材料及阻燃织物的发展前景[J]. 纺织科学研究，2001(2)：16-18.

[3] 李建军,张浩,刘艳春. 玄武岩纤维原矿的化学成分和物相分析[J]. 技术与研究,2007(6):1-4.

[4] 宁伟,陈群涛,汪庆卫,等. B_2O_3对 SiO_2-Al_2O_3-MgO 系统高强玻璃纤维性能的影响[J]. 硅酸盐通报,2012,31(5):268-272.

[5] 齐风杰,李锦文,李传校,等. 连续玄武岩纤维研究综述[J]. 高科技纤维与应用,2006,31(2):42-46.

[6] 刘嘉麒. 玄武岩纤维材料[M]. 北京:化学工业出版社,2020.

[7] 刘潇. 陶瓷纤维的发展现状及新品种的种类与应用[J]. 佛山陶瓷,2015,25(10):22-23.

[8] 王岚,陈阳,李振伟. 连续玄武岩纤维及其复合材料的研究[J]. 玻璃钢/复合材料,2000,11(6):22-24.

[9] 许淑惠,彭国勋,党新安. 玄武岩连续纤维的产业化开发[J]. 建筑材料学报,2005,8(3):261-267.

[10] 余煜玺,李效东,曹峰,等. SiC 陶瓷纤维力学性能评价[J]. 材料科学与工程学报,2004,22(2):296-300.

第3章 缆索抗火密封防护技术

桥梁承重缆索因钢丝拉伸蠕变、热膨胀应力和环境损害造成防护结构早期开裂、老化破坏问题，通过缆索病害调查和病理特征分析及试验验证，提出并研究耐高温、水密性和气密性满足耐久使用的缆索密封技术。另外，各类火灾造成缆索体系桥梁使用过程外部重大安全威胁问题，采用事故分析、数值模拟分析和实体模型燃烧验证等方法，提出并研究集耐火隔热密封功能一体的缆索防火技术。同时，利用玄武岩纤维增强新材料产品设计具备耐火隔热密封阻燃功能的新型缆索保护综合防护技术体系。

3.1 缆索抗火密封综合防护体系

第1、2章针对结构抗火、密封防护需求，开发出两种玄武岩纤维复合增强材料产品：①具有优秀力学性能与耐火隔热阻燃性能的FCFR抗火带；②具有良好耐高温、密封、耐候性能以及耐高温、阻燃、密封性能的B-FRS密封带。

由于缆索存在抗火和防腐的需求，同时必须保证缆索防护良好的耐久性能，因此缆索外部防护应同时具有良好的抗火隔热以及密封性能，还需要对于外界环境的影响具有良好的耐受性。对于防火等级要求不高的缆索和结构，B-FRS密封带能够起到对缆索防护良好的耐高温耐久密封保护。对于防火等级要求较高的缆索和结构，FCFR抗火带和B-FRS密封带单独作用都难以同时满足缆索抗火密封保护需求。因此，对于缆索抗火与密封保护要求，按照综合经济技术指标和不同等级防护标准，将上述玄武岩纤维复合产品进行有机结合，发挥各自长处，组成适用于桥梁承重缆索的抗火密封保护的综合防护体系。

(1)为了更具有针对性地保证缆索各区域抗火密封防护效果，需要对于不同位置缆索的密封以及抗火需求进行分析。

在缆索抗火需求方面，由于各类火灾发生过程中，不同区域温度分布会有很大区别，所以不同区域缆索的抗火隔热防护需求也有所不同。

①车致火灾发生频率高、造成影响严重，而在火灾发生过程中，靠近桥面区域温度上升速

度快,并将维持较高温度水平,而缆索的其他部分受车致火灾影响小。

②其他类型火灾发生频率低、造成影响较小。一是施工导致的缆索起火、闪电击中导致的缆索起火等火灾事故可以通过改进技术和加强管理等措施从内部解决;二是其他类型火灾由于燃烧物较少,对外放热能力也较小,故对各类缆索造成的影响也较为有限。因此,应该对桥梁近桥面行车区域的缆索进行重点抗火防护,而对于其他部分施加较低一级的抗火防护体系。

在缆索密封需求方面,为确保外部环境因素不对于缆索内部造成影响,需要保证缆索各处均无密封性不好的泄气漏气口,即需要对于缆索通长施加同等级的密封防护。

(2)为了保证防护效果并节约工程成本,需要对于不同位置采用更具有针对性的防护设计。对于各类缆索施加的抗火密封防护体系应保证:缆索通长施加同等级的密封防护,对于缆索的近桥面部分施加重点抗火防护,其余部分施加较低一级的抗火防护。

结合 FCFR 抗火带抗火隔热性能以及 B-FRS 密封带密封阻燃性能,将两类材料进行有机结合,发挥各自产品的优点,最终提出两个级别的玄武岩纤维增强抗火密封防护方案。

①对于抗火防护要求较低的区域,可采用仅施加 B-FRS 密封带的缆索抗火密封防护方案,如图 3-1a)所示。

防护体系主要承担了缆索密封防护的需求,保证各类极端火灾(瞬间温度不超过 650℃)情况下,防护体系不会被点燃,避免发生火焰沿着缆索外部扩散的现象。同时防护体系还可发挥较低级别(持续高温一般不超过 350℃)的抗火隔热性能。基于缆索的重要程度、受力特点等因素,可以选择对缆索施加厚度 2 ~ 3mm 的普通型 B-FRS 密封带或者厚度为 3 ~ 4mm 增强型 B-FRS 密封带。

②对于受火灾影响较突出、抗火防护要求较高的区域,施加 B-FRS 密封带与 FCFR 抗火带的抗火密封防护体系,如图 3-1b)所示。

最外层采用 B-FRS 密封带,既保证缆索内部密封性能和保护 FCFR 抗火带的耐久使用,又起到阻燃作用,避免火灾扩散;同时,B-FRS 密封带提升了抗火结构整体性能,有助于保证内层 FCFR 抗火带的长期抗火隔温性能。FCFR 抗火带内层的自粘性能可以与缆索紧密连接,提升防护体系与缆索初期防护结构的整体隔热性能,保证在各类火灾作用下缆索内部钢丝升温不过高。另外,根据缆索重要程度以及受力特点选择合适等级的 B-FRS 密封带,内部 FCFR 抗火带厚度一般为 4.0mm,也可以施加多层 FCFR 抗火带以保证防护体系的隔热性能。

玄武岩纤维增强抗火密封防护体系克服了传统防护结构易燃不隔热、抗力学损伤和密封效果以及耐久性不理想的问题,在充分吸收不同防护结构及不同材料优点的基础上,达到耐久、密封、隔热、防火的效果。

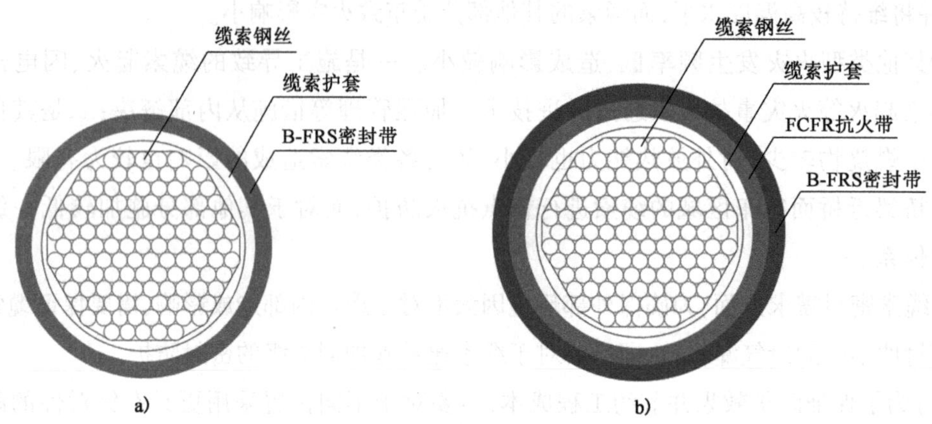

图 3-1　玄武岩纤维增强抗火密封防护体系

3.2　抗火密封防护体系的隔热性能

两类玄武岩纤维增强抗火密封防护体系具有不同的抗火隔热性能，为确定并验证不同火场条件下各类防护体系的抗火隔热性能，专门开展实索燃烧试验。

3.2.1　B-FRS 密封带耐高温隔热阻燃性能

仅由 B-FRS 密封带组成的防护体系一般针对非近桥面区域的缆索施加，经初步调研，该区域仅受火灾产生的辐射影响，缆索护套表面温度在 350 ~ 500℃，因此试验中施加的火焰温度也应当控制在这一温度区间。

下面分别对两种不同缆索形式开展燃烧试验：①施加 B-FRS 密封带的钢丝束，模拟主缆施加 B-FRS 密封带防护后的情况；②施加 B-FRS 密封带后的斜拉索，模拟斜拉索与吊索施加 B-FRS 密封带防护后的情况。

1）施加 B-FRS 密封带的钢丝束燃烧试验

为了研究 B-FRS 密封带在主缆上的防护效果，开展针对施加 B-FRS 密封带的钢丝束的燃烧试验。

试验选取 163 根 ϕ7mm 镀锌钢丝组成平行钢丝束，外径约为 110mm，模拟主缆的平行钢丝构造，并在钢丝束外表面缠包 3.0mm 普通型 B-FRS 密封带。过程中在试件表面各层分别预埋温度传感器：温度传感器 1 设置在钢丝束表面，温度传感器 2 设置在 B-FRS 密封带表面，每隔 1min 记录各温度传感器的显示温度，依据两个温度传感器所测得的温度差用以评估 B-FRS 密封带的隔热性能。试件制作成型后，在埋设温度传感器的部位放置 2 把液化气喷枪，点燃喷枪后开始燃烧试验，火焰温度控制在 350 ~ 400℃。试验中各装置示意如图 3-2 所示。

试验最终得到两个温度传感器温度变化曲线如图 3-3 所示。试验过程以及燃烧后缆索表面情况如图 3-4 所示。试验过程中,缆索表面 B-FRS 密封带没有明火燃烧现象,经过 60min 的燃烧后,B-FRS 密封带仅出现轻微碳化现象,密封带未发生破损,内部保持良好状态。B-FRS 密封带内外温差约为 100℃。试验最终证明,在非靠近桥面区域火场强度作用下,即在 350 ~ 400℃的火场环境下,施加在钢丝束上的 B-FRS 密封带的结构完整性不会遭到破坏,可维持良好的抗火阻燃性能,钢丝束内钢丝的温度维持在较低水平。

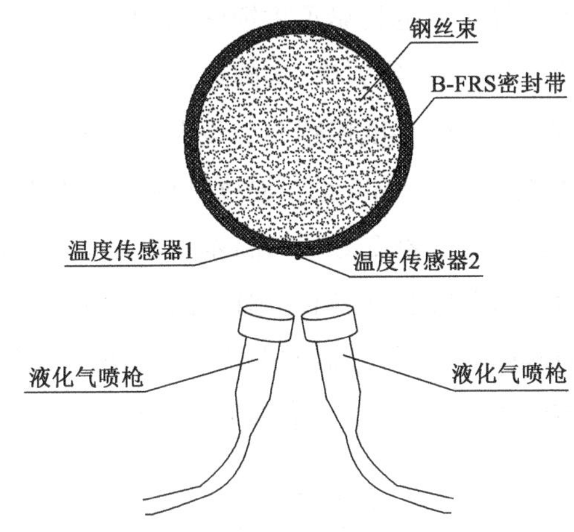

图 3-2　仅施加纤维密封胶带的钢丝束燃烧试验模型图

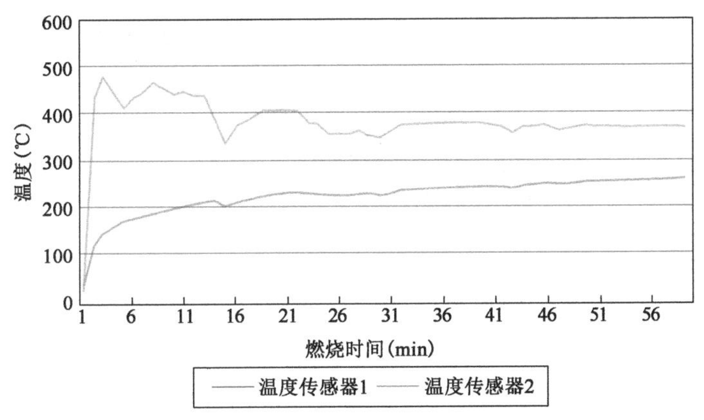

图 3-3　施加纤维密封胶带的钢丝束燃烧试验结果

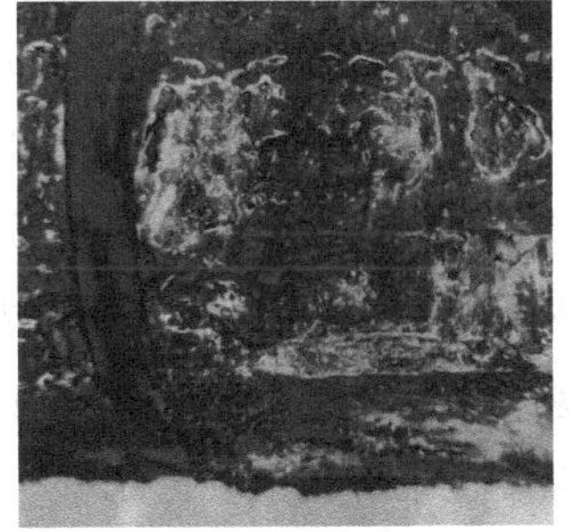

图 3-4　施加纤维密封胶带的钢丝束燃烧试验过程及燃烧后外观

2)施加 B-FRS 密封带的斜拉索燃烧试验

为确定 B-FRS 密封带在斜拉索与吊索上的抗火防护效果,采用相似方法进行了针对施加 B-FRS 密封带的斜拉索的燃烧试验。

试验用拉索来源于某斜拉桥换拉索时拆卸下来的斜拉索,由 163 根 ϕ7mm 钢丝束组成,外径约为 110mm,钢丝束外施加厚度约为 8mm 的 PE 护套。模拟斜拉索、吊索等采用平行钢丝索形式且外部存在高密度聚乙烯护套的桥梁承重缆索的构造,并在斜拉索高密度聚乙烯护套外表面实施 3.0mm 厚的普通型 B-FRS 密封带,实施过程中在试件表面各层分别预埋温度传感器:温度传感器 1 设置在钢丝束表面,温度传感器 2 设置在高密度聚乙烯护套表面,温度传感器 3 设置在 B-FRS 密封带表面。每隔 1min 记录温度传感器 1、温度传感器 2、温度传感器 3 显示的温度。温度传感器 1 与温度传感器 2 之间的温差用以评估高密度聚乙烯护套的抗火隔热效果,温度传感器 2 与温度传感器 3 之间的温差用以评估 B-FRS 密封带的抗火隔热性能。试件制造完毕后,进行试验前在埋设温度传感器的部位放置 2 把液化气喷枪,点燃喷枪后开始燃烧试验,火焰温度控制在 450~480℃。试验中各装置示意图如图 3-5 所示。

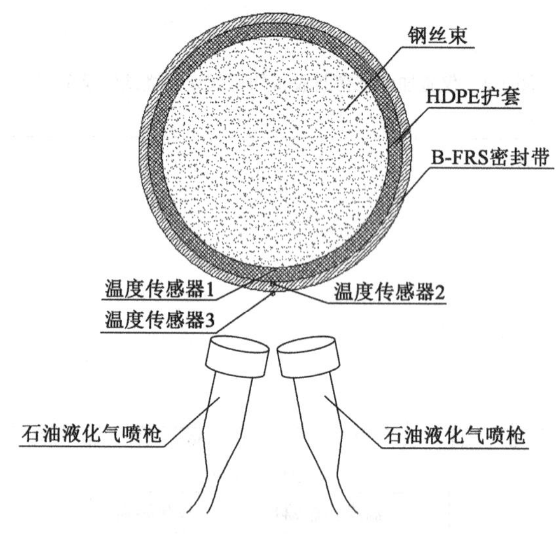

图 3-5　施加纤维密封胶带的斜拉索实索燃烧试验模型图

经过 60min 的燃烧,最终得到各个温度传感器的温度变化曲线,如图 3-6 所示。试验进行中以及试验后 B-FRS 密封带表面情况如图 3-7 所示。试验过程持续的 60min 内,传统的缆索护套在高温作用下隔热性能逐渐递减,到试验结束时基本丧失了隔热能力。而 B-FRS 密封带无明火燃烧现象,表面一定厚度范围内发生碳化现象,但 B-FRS 密封带内部仍比较完整,未见整体破损现象。B-FRS 密封带基本隔绝了 180℃左右的温度传递,在 B-FRS 密封带的作用下,钢丝束表面温度也维持在了较低水平。试验证明了 B-FRS 密封带对于斜拉索以及吊索的防护性能,在非近桥面区域火场强度作用下,即 450~480℃的火场环境下,B-FRS 密封带将保持结构完整,维持良好的抗火阻燃性能,对于缆索内部钢丝以及外部护套形成保护,并在护套失效后仍然保证缆索内部钢丝处于较低温度水平。

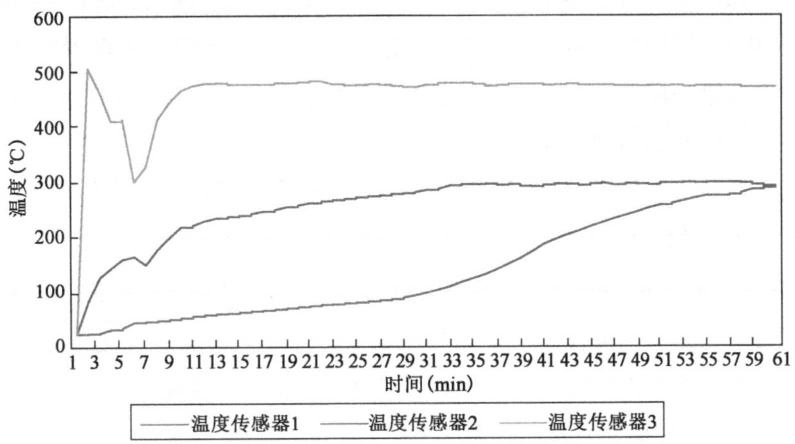

图 3-6　施加纤维密封胶带的斜拉索实索燃烧试验结果

图 3-7　施加纤维密封胶带的斜拉索实索燃烧试验过程及燃烧后外观

3.2.2　B-FRS 密封带 + FCFR 抗火带抗火隔热性能

B-FRS 密封带与 FCFR 抗火带组成的防护体系一般针对缆索近桥面区域的缆索施加,该区域受到火灾燃烧物产生高温火场的直接影响,经初步调研,最不利火灾情况,油罐车燃烧对桥梁缆索的加热温度在 1000℃左右,保守估计认为该区域火场温度为 1000℃,因此试验中所施加的火焰温度控制在这一温度区间。

下面分别对两种不同缆索形式开展燃烧试验:①施加抗火隔热密封体系的钢丝束,模拟主缆施加防护后的情况;②施加抗火隔热密封体系斜拉索,模拟斜拉索与吊索施加防护后的情况。

1)施加抗火隔热密封体系的钢丝束燃烧试验

采用钢丝束燃烧试验的方式针对施加 B-FRS 密封带与 FCFR 抗火带防护体系在主缆上的

防护效果开展研究。

试验选取了163根ϕ7mm镀锌钢丝束,由这些钢丝平行编组,形成外径110mm的钢丝束,在钢丝束外表面依次实施普通型B-FRS密封带、4.0mm厚的FCFR抗火带与增强型B-FRS密封带,实施过程中在试件表面各层分别预埋温度传感器:温度传感器1设置在钢丝束表面,温度传感器2设置在第一层B-FRS密封带表面,温度传感器3设置在FCFR抗火带表面,温度传感器4设置在第二层B-FRS密封带表面,每隔1min记录温度传感器1、2、3、4的显示温度。不同温度传感器表征了代表了缆索不同区域的温度,温度传感器4与温度传感器3的对比表征的是第二层B-FRS密封带的隔温效果,温度传感器3与温度传感器2的对比表征的是FCFR抗火带的隔温效果,温度传感器2与温度传感器1的对比表征的是第一层B-FRS密封带的隔温效果。温度传感器4与温度传感器1的对比表征的是整个纤维密封火隔热防护体系的防火隔温效果。在试验过程中由放置在温度传感器位置处的液化气喷枪对试件进行加热,控制火焰温度在1000℃左右,试验装置情况如图3-8所示。

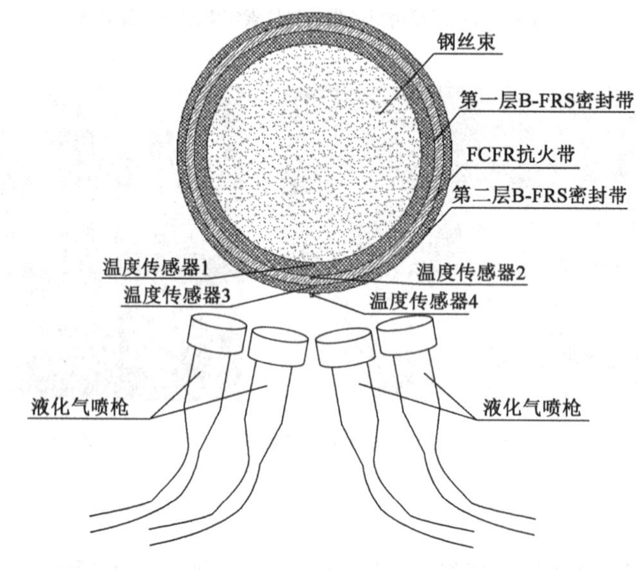

图3-8　施加抗火隔热密封体系的钢丝束燃烧试验模型图

试验最终得到各个传感器的温度变化情况如图3-9所示。燃烧持续了60min,试验过程中的情况以及燃烧后防护体系表面情况如图3-10所示。

试验过程中,液化气喷枪点燃后,火场温度迅速达到800℃以上,超过B-FRS密封带中的耐火阻燃纤维密封胶的点燃温度,从而使外层的B-FRS密封带燃烧,随着燃烧时间的延长,在5min左右中心火源范围内的纤维密封胶带的胶体燃烧成灰烬并附着在玄武岩纤维复合专业布表面,并未出现滴落现象,并对于内部结构形成防火保护,发挥着隔热性能,隔绝温度在250℃左右。而FCFR抗火带为主要的隔热层,在高温环境下未发生燃烧现象,隔绝了明火与大部分温度，隔绝温度在 250℃左右。最内层的 B-FRS 密封带由于所处温度环境较低，不会被点燃，可以隔绝 230℃左右的温度。试验最终证明，在近桥面的火场强度作用下，尽管火焰温度达到 1000℃，经过多层防护结构的共同作用，最终钢丝束的温度可以被控制较低温度水平，最终达到 250℃左右，且仅最外层 B-FRS 密封带被点燃（未见熔滴现象），火势不会发生扩散现象，在钢丝束上实施的抗火防护体系，特别是其中的 FCFR 抗火带发挥了较好的抗火阻燃性能。

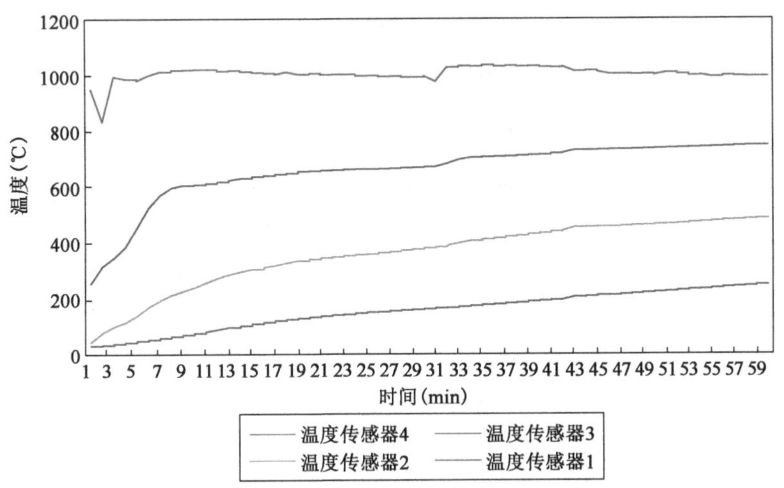

图 3-9 施加抗火隔热密封体系的钢丝束燃烧试验结果

图 3-10 施加抗火隔热密封体系的钢丝束燃烧试验中及燃烧后外观

2）施加抗火隔热密封体系斜拉索燃烧试验

为进一步研究 B-FRS 密封带与 FCFR 抗火带防护体系在斜拉索与吊索上的抗火效果，开展带护套的钢丝束的燃烧试验。

试验选取了 163 根 ϕ7mm 镀锌钢丝，由这些钢丝平行组编，并在外部施加 8mm 厚的高密度聚乙烯护套，之后再缆索外部实施 4.0mm 厚的 FCFR 抗火带与普通型 B-FRS 密封带，实施过程中在试件表面各层分别预埋温度传感器：温度传感器 1 设置在钢丝束表面，温度传感器 2 设置在 HDPE 护套表面，温度传感器 3 设置在 FCFR 抗火带表面，温度传感器 4 设置在 B-FRS

密封带表面，每隔1min记录温度传感器1、温度传感器2、温度传感器3显示的温度。同之前试验相似的，温度传感器4与温度传感器1的对比表征的是整个纤维密封防火隔热防护体系与原PE护套对钢丝束表面的隔温效果，温度传感器4与温度传感器2的对比表征的是纤维密封防火隔热防护体系的防火隔温效果。试件制作成型后，在埋设温度传感器的部位放置4把液化气喷枪，点燃喷枪后开始燃烧试验，控制火焰温度在1000℃左右，试验所采用的装置如图3-11所示。

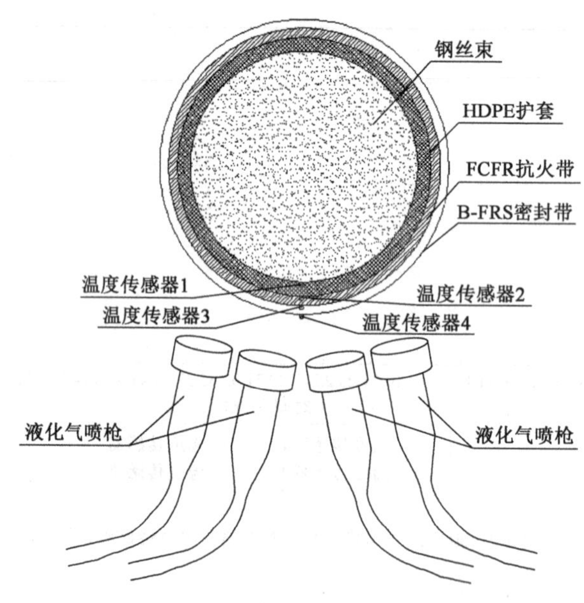

图3-11　施加抗火隔热密封体系的斜拉索实索燃烧试验模型图

试验最终测得60min内各个温度传感器的温度变化曲线如图3-12所示，而试验过程中的情况以及燃烧试验结束后，缆索外观情况如图3-13所示。在试验进行过程中，随着液化气喷枪的点燃，缆索周围温度迅速达到800℃以上，而B-FRS密封带的点燃温度在650℃，B-FRS在试验初期即被点燃，但燃烧过程中，未发生滴落现象，且密封胶燃烧完后的不燃残渣仍依附在不燃烧的玄武岩纤维复合专业布上，依旧发挥一定的防火隔热作用。在试验后期，随着B-FRS密封带中的有机物燃烧殆尽，其隔绝温度传递为100～150℃。FCFR抗火带则作为主要的隔热层发挥了作用，在火灾温度上升到稳定阶段后，FCFR抗火带与B-FRS密封带结合共隔绝温度约400℃，是防护结构的关键防火隔温层。而内层的高密度聚乙烯护套虽然是易燃物质，但由于其包裹在FCFR抗火带的内部，无法被点燃，并承担了良好的隔热作用，在火灾发展后期，隔绝温度达到了200℃以上。试验最终证明，在近桥面火灾作用下，经过多层防护结构的共同作用以及层层隔温，缆索内部钢丝维持在了较低温度水平(300℃以下)，火灾中仅最外层的B-FRS密封带被点燃，但火灾不会持续恶化，B-FRS密封带的隔热作用也不会因为被点燃而消

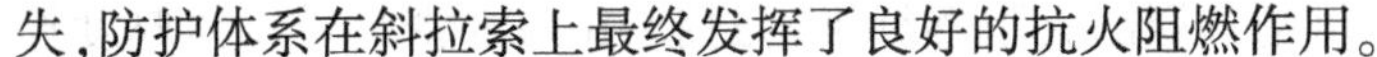

失，防护体系在斜拉索上最终发挥了良好的抗火阻燃作用。

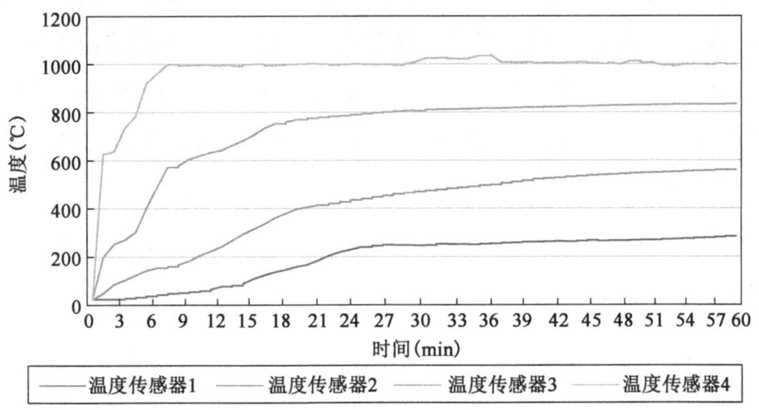

图 3-12　施加抗火隔热密封体系的斜拉索实索燃烧试验温度变化曲线

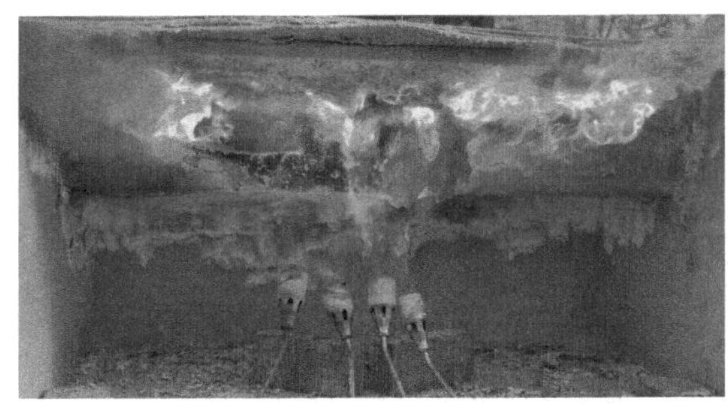

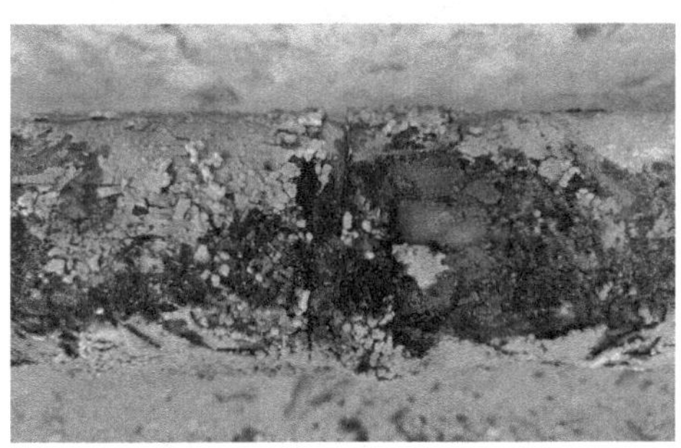

图 3-13　施加抗火隔热密封体系的斜拉索实索燃烧试验中及燃烧后外观

3.3　缆索防火防腐体系的抗压密封性能

第 1 章分析了缆索密封防护、防腐存在的问题和病害机理，第 2 章通过试验验证了 B-FRS 密封带优良的力学性能和抗变形、耐老化、耐高温、阻燃性能，然而，应用于缆索密封防腐的密封胶或缠包带除了具备抗变形、耐老化、耐高温、阻燃性能外，对于悬索桥主缆防腐还必须具备很好的长期抵抗缆索抽湿产生的内外气体应力场。因此，任何缆索防火和防腐方案采用的结构和材料产品均必须具有良好的密封抗压能力。

在玄武岩纤维增强抗火密封防护体系的不同方案中，主要由 B-FRS 密封带发挥密封性能，因此，可以通过研究 B-FRS 密封带的抗气体压力密封性的方式研究防护体系的密封性能。

为验证 B-FRS 密封带的密封性能，设计了一种检测 B-FRS 密封带气密承压性试验方法。选用直径为 20cm 聚氯乙烯管（PVC 管）作为载体，在 PVC 管上按照 5cm × 5cm 间距布设 1cm 直径的圆孔，然后在 PVC 管上施加普通型 B-FRS 密封带，即先在 PVC 管上涂刮一层耐火阻燃纤维密封胶，然后缠包 1 层 I 型玄武岩纤维专业布，再刮一层耐火阻燃纤维密封胶，随后再缠包1层I型玄武岩纤维专业布，最后再刮一层耐火阻燃纤维密封胶，B-FRS密封带总体厚度控制在2.0～3.0mm，模拟普通型B-FRS密封带在缆索上的涂装情况。然后在PVC管的两端分别盖上一个密封盖子，用环氧树脂胶将盖子缝隙处密封好，并在一端的盖子处开孔连接压力管道，压力管道连接压力表、气压阀与空压机。待B-FRS密封带固化成型后，打开空压机，并调节气压阀，分级加载气压，每次加载0.01MPa气压，并稳压15min，观察气压下降情况及B-FRS密封带情况。为进行比较，分别在PVC管外表面施加目前缆索护套所采用的主流材料——双组分聚硫密封胶以及单组分聚硫密封胶，对比不同类型密封胶的密封性能，试验情况如图3-14、图3-15所示。

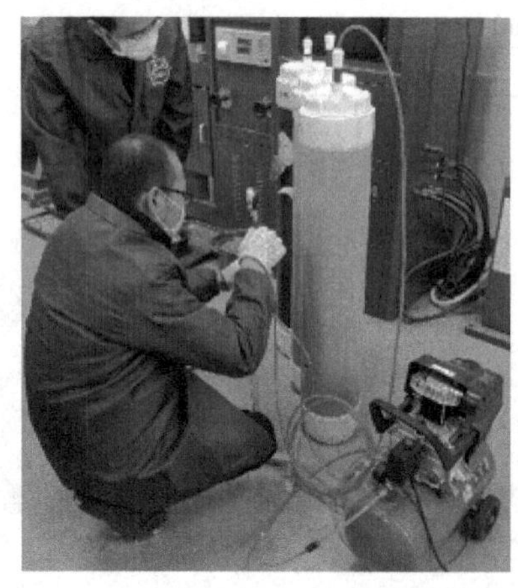

图3-14 B-FRS密封带气密承压试验

图3-15 气密承压试验破坏情况

按照上述试验方案及步骤，最终得到不同种类密封胶的试验结果，见表3-1。试验结果表明，B-FRS密封带的密封性能优越，其气密承压性能大于0.4MPa，远大于双组分聚硫密封胶的气密承压性能。这说明了B-FRS密封带的密封性能优于传统的聚硫密封胶防护涂层，采用B-FRS密封带作为防护结构有助于提升防护体系密封性能，对于延长防护体系寿命、保证缆索内部钢丝不发生腐蚀和锈蚀情况均有好处。

B-FRS密封带气密承压性试验结果　　表3-1

试验方案	承压力	破坏情况说明	备注
B-FRS密封带	>0.4MPa	加0.4MPa气压，密封带无破坏，仅在PVC管孔洞处有稍微鼓胀情况，整个密封结构带无明显脱层现象产生	因管端头密封问题，不能继续加压试验
双组分聚硫密封胶	≤0.08MPa	加0.08MPa气压，密封带在某孔洞处鼓破，孔洞周围有大面积的封胶脱落	
单组分聚硫密封胶	≤0.25MPa	加0.25MPa气压，密封带在某孔洞处鼓破，孔洞周围有大面积的封胶脱落	

3.4　本章小结

综合 FCFR 抗火带与 B-FRS 密封带优异的保护性能，设计了具备耐火隔热密封阻燃功能的新型缆索保护防护体系，满足 60min 内、1000℃ 火场环境下，钢丝束表面温度不超 300℃ 的使用要求，实现不同火灾场景下对缆索结构的有效保护，有效解决缆索体系桥梁使用过程外部最大风险源威胁问题。各类燃烧试验结果表明：

(1) 仅施加 B-FRS 密封带的耐高温隔热密封防护体系可以保证缆索在受到 400℃ 火焰持续燃烧 60min 后，各类缆索内钢丝温度处于较低水平（不超过 300℃）。缆索外层的 B-FRS 密封带仅发生一定程度的碳化，同时具有很好的阻燃效果，保护了缆索原有的 PE 保护套。不同于传统缆索护套遇超过 100℃ 火热即燃烧，B-FRS 密封带隔绝了 200℃ 左右的温度，在高温作用下，B-FRS 密封带的隔热性能未发生明显的下降。

(2) 施加 B-FRS 密封带与 FCFR 抗火带的抗火隔热密封防护体系可以保证缆索在受到 1000℃ 火焰持续燃烧 60min 后，各类缆索内钢丝温度处于不超过 300℃，高温火场条件下，仅直接接触到火焰的最外层 B-FRS 密封带被点燃，火势不会发生扩散。火灾过程中，B-FRS 密封带以及 FCFR 抗火带均保证了良好的隔热性能。

(3) B-FRS 密封带具有优良的力学性能和密封抗压能力以及抗变形、耐老化、耐高温、阻燃性能，能够长效保证玄武岩纤维复合增强新型缆索保护防护体系耐火、隔热、密封、阻燃功能的有效发挥。

本章参考文献

[1] 中国石油和化学工业协会. 硫化橡胶或热塑性橡胶　拉伸应力应变性能的测定：GB/T 528—2009[S]. 北京：中国标准出版社，2009.

[2] 中国建筑材料联合会. 建筑密封材料试验方法　第 8 部分：拉伸粘结性的测定：GB/T 13477.8—2017[S]. 北京：中国标准出版社，2017.

第4章 车致桥梁火灾数值模拟分析

运行于桥梁上的车辆故障或交通事故造成固体物或危化物燃烧是桥梁火灾的主要形式，为了寻找更加合理有效抵抗火灾对桥梁结构造成损害的方法，必须对车致桥梁火灾的规律进行研究。

目前，针对房屋建筑和隧道火灾场景的抗火分析一般采用特定升温曲线的方式模拟火场，常用的包括 ISO-843 升温曲线、ASEM-E119 升温曲线、HC 升温曲线等。桥梁火灾多发生在开敞环境，这些曲线并不完全适用。为了得到适用于桥梁火灾分析的火场数值模型，对车致火灾的各类参数与特点展开了研究工作。

4.1 车致火灾火源模型

4.1.1 车致火灾发展规律

自然环境下发生于开敞环境下的各类火灾发展过程可以大体分为三个阶段，分别为初始增长阶段、稳定燃烧阶段和减弱阶段[1]。而当火灾发生在较为狭窄的区域，氧气或可燃物较为稀缺，或者火灾初期便有消防因素介入时，则火灾在未得到充分发展时，便开始逐渐减弱，这时的火灾可以分为两个阶段，即初始增长阶段与减弱阶段。若以火灾热释放速率作为衡量火势的参数，两类火灾的发展过程如图 4-1 所示。

车辆上存在大量分散分布的可燃物，典型的车致火灾一般由某一点火源引起，火源点燃可燃物引起局部燃烧，而局部明火或者高温可进一步引发周边可燃物的燃烧，火灾扩大，周而复始，从而导致火灾热释放速率的不断提升，这便是火灾初始增长阶段。可燃物的种类以及分布情况、初始起火点所处空间、氧气供应情况等条件均会影响火灾发展速度，也决定了火灾是进入稳定增长阶段还是减弱阶段。

经过了火灾初始增长时间，火灾蔓延到车辆其他部分，可燃物发生全面燃烧，火灾便进入热作用最强的稳定燃烧状态，热释放速率保持峰值较长一段时间。热释放速率的峰值受到火灾中的可燃物数量以及火场通风情况的影响,而火灾也可依此分为燃料控制型和通风控制型两类火灾。由于桥梁火灾一般发生在开敞环境,一旦车辆各部分开始全面燃烧,氧气供应一般较为充足,即发生在桥梁上的车致火灾一般均为燃料控制型火灾,热释放速率的峰值由车辆可燃物的燃烧特性以及数量决定。

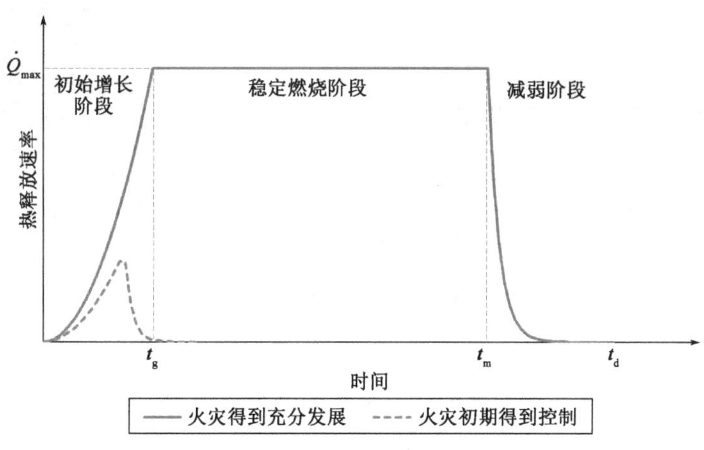

图 4-1　火灾发展过程曲线

维持稳定燃烧一段时间后,随着可燃物的慢慢耗尽,热释放速率开始降低,火焰高度与温度也随之减小,车致火灾逐步减弱。而可燃物耗尽后,剩余焦炭通常还会持续燃烧一段时间,维持一段时间极低热释放速率的火灾,最终慢慢冷却,直到火灾全过程结束时间,火灾热释放速率变为零,火灾完全结束。

综上所述,影响桥梁上发生的车致火灾发展曲线的主要因素是车辆上可燃物的分布、数量以及燃烧特性,具有不同种类可燃物车辆发生火灾时的发展速度以及剧烈程度均会有所区别。为了更好地总结不同种类车致火灾的发展特点,需要对于车致火灾中各类可燃物展开分析。

4.1.2　车致火灾可燃物分析

车辆中某些组件与车辆所运输的货物均可能成为车致火灾中的可燃物,可燃物种类繁多、燃烧特性各有特点,根据物态以及燃烧过程中特点的不同可以将它们分为固相、液相和气相三类可燃物。

(1)固体可燃物

车辆上的座椅、脚垫、隔板、轮胎等以及车辆运输的各类固体易燃货物均为车致火灾中的固体可燃物。其中车辆自身存在的固体可燃物大多是塑料、橡胶以及各类纤维制品。这类固体可燃物燃烧时自身所处位置一般不会变化,火灾的扩散通过引燃周边可燃物进行。因此火场尺寸往往由车辆自身尺寸决定。同时,这类固体可燃物在高温作用下容易发生热解作用,生成大量固定碳以及挥发性的可燃气体,这些燃烧中的产物也会在高温作用下进一步被点燃,火灾热释放速率迅速增大。这意味着初始增长阶段,固体可燃物主导的火灾热释放速率前期增长速度较为有限,而后期增长速度较快。车致火灾中固体可燃物燃烧情况如图 4-2 所示。

图 4-2　固体可燃物起火

(2)液体可燃物

各类传统能源车辆所需使用的燃油以及某些油罐车运输的可燃液体均可成为火灾中的液体可燃物,包括乙醇、苯、煤油、柴油、汽油等。这类物质易被点燃,火灾扩散速度较快,且一旦承装这些可燃液体的容器发生破裂,可燃液体泄漏形成液池,火灾在液面上发展,火灾扩散速度将进一步提高,且使得火场尺寸往往会大于车辆自身尺寸,火势也会变得难以控制。另一方面,由于液体可燃物点燃过程往往伴随着液体的蒸发过程,随着火势的发展液面上方的蒸汽也将逐步积累,随着蒸汽被进一步点燃,火灾中可燃物的增加导致火势发展速度也会随着时间推移而增加。极端情况下液体可燃物蒸发出的蒸汽超过其爆炸浓度的上限,燃烧过程可能伴随着爆炸这类极端放热现象。液体可燃物燃烧情况如图 4-3 所示。

图 4-3　液体可燃物起火

(3)气体可燃物

火灾中气体可燃物主要有两种来源:①作为车辆燃料或者货物存在的气体,如一氧化碳、甲烷、丙烷等;②燃烧过程中产生的各类可燃气体。由于气体可燃物极易发生扩散、容易导致爆炸,气体可燃物燃烧主导的火灾往往火灾发展迅速、热释放速率高,属于最为危险的一类火灾。一般根据气体燃烧过程中的控制因素不同,可以分为扩散燃烧和预混燃烧两种燃烧形式。

若气体发生泄漏，可燃气体与空气在燃烧中发生混合，则为扩散燃烧，火势扩散迅速到达峰值后稳定燃烧。若气体生成较慢或者泄漏前已经与空气充分混合，则发生预混燃烧，当到达浓度上限可能在遇到火源后发生爆炸，使得火势进一步扩大。气体可燃物起火情况如图 4-4 所示。

图 4-4　气体可燃物起火

根据主导可燃物类型的不同，可将车辆火灾分为两类，即油罐车火灾与非油罐车火灾，其中油罐车火灾主要由气体可燃物和液体可燃物主导，热释放速率快、火灾发展迅速；而其他类型车辆的主要可燃物往往是固体可燃物，可以根据可燃物数量与火场尺寸等特点进一步划分为小汽车、客车以及货车三类。由于可燃物数量以及燃烧特性的不同，这些不同类型车辆火灾的发展速率与对外放热能力有所不同，为便于分析统计，后续将各类车辆分为小汽车、客车、货车以及油罐车四类，对各类车辆的火灾热释放模型进行进一步研究。

4.1.3　车致火灾热释放模型

热释放速率是描述火灾热作用程度的一个重要参数，它代表了火灾中能量释放的速率，是进行火灾数值模拟的基础。一个完整的火源模型需要包括初始增长—稳定燃烧—减弱三个过程，但在火灾减弱阶段，火灾对外释放能力的速率逐渐降低，对桥梁构件造成的影响也较为有限，出于简化分析与保守估计的角度出发，可将衰减阶段的热释放速率仍然视为最大值。最终研究确认采用的火灾全过程曲线如图 4-5 所示。

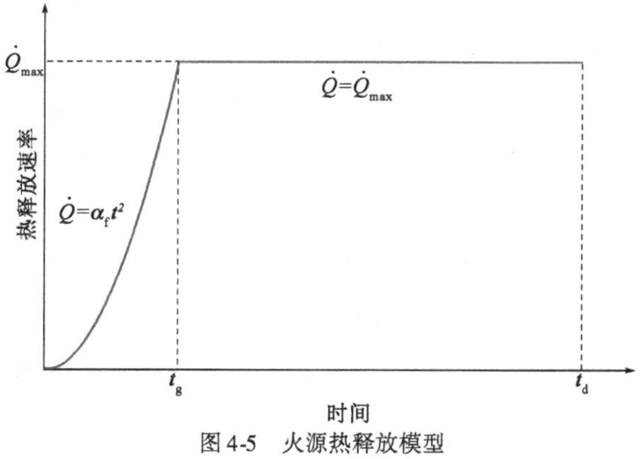

图 4-5　火源热释放模型

在火灾初始增长阶段,热释放速率随时间大致按照指数规律增长。按照"t^2 火灾"模型对其进行描述,表达式为:

$$\dot{Q} = \alpha_f t^2 \qquad (0 \leqslant t \leqslant t_g)$$

式中:$\dot{Q}$——热释放速率(kW);

α_f——火灾增长系数(kW/s^2);

t——点火后的燃烧时间(s);

t_g——火灾初始增长时间(s)。

在火灾稳定燃烧阶段,火势基本维持不变,一般假定火源维持在最大热释放速率,本阶段表达式为:

$$\dot{Q} = \dot{Q}_{max} \qquad (t_g \leqslant t \leqslant t_d)$$

式中:$\dot{Q}_{max}$——稳定燃烧阶段火灾最大热释放速率(kW);

t_d——火灾持续时间(s)。

最终得到火灾全过程曲线表达式为:

$$\begin{cases} \dot{Q} = \alpha_f t^2 & (0 \leqslant t \leqslant t_g) \\ \dot{Q} = \dot{Q}_{max} & (t_g \leqslant t \leqslant t_d) \end{cases}$$

为确定各类车辆热释放速率随时间变化曲线,还需要对于火灾增长系数 α_f、火灾最大热释放速率$\dot{Q}_{max}$、火灾初始增长时间 t_g 以及火灾持续时间 t_d 进行调研。上述各类参数中,根据火灾增长系数 α_f、火灾最大热释放速率$\dot{Q}_{max}$可以计算得到火灾初始增长时间 t_g,因此,后续将主要针对各类车致火灾的增长系数 α_f、最大热释放速率$\dot{Q}_{max}$以及持续时间 t_d 进行讨论。

1)火灾增长系数

火灾增长系数一般由可燃物燃烧特性决定,在建筑中一般可根据主要可燃物划分火灾增长类型,从而确定对应的增长系数。发生在桥梁上的车辆火灾可燃物种类繁多,燃烧特性也与建筑中的火灾有一定的差别,一般需要通过足尺试验的方式进行测定,包括欧洲隧道火灾(EUREKA EU499 "Firetun")、美国西维吉尼亚的 Memorial 公路隧道火灾、欧洲 UPTUN 等研究项目均开展了针对小汽车、客车以及货车的足尺火灾燃烧试验,除此之外,亦有许多文献通过足尺火灾燃烧试验的方式针对各类车辆的火灾燃烧特性展开研究。各类研究结果测得的车辆热释放速率以及增长系数有略微不同,但差异不大。小汽车火灾增长系数最终测得在0.0065~0.012 之间,但大多试验结果集中在0.011 附近。客车存在的可燃物较小汽车多,其火灾增长系数较大,在0.10~0.15 之间,各类试验测得结果的平均值约为0.123。基于所运输货物的不同，货车火灾增长系数离散性较大，最终选取更符合一般情况的试验结果，确定火灾增长系数约为 0.5。而油罐车火灾火势一般较大，且难以控制，故较少研究针对油罐车火灾的足尺火灾试验。但油罐车火灾发生后，通常 5～10min 后火灾即蔓延到各处，火灾热释放速率达到 100～300，根据公式计算得到油罐车火灾的增长系数约为 1。

2）火灾最大热释放速率

与火灾增长系数的确定方式相似，基于足尺车辆火灾的试验数据，可以确定各类车辆的火灾最大热释放速率。对于单个小汽车火灾，各类试验测得的最大热释放速率为 1.5～8.9，不同车辆品牌与型号均可能导致最大热释放速率的变化，但大部分低于 5。同小汽车火灾相似的，客车火灾的最大热释放速率变化范围也较为有限，一般在 20～30 之间。对于货车火灾而言，火灾最大热释放速率同货车运输的货物息息相关，这也导致不同货车燃烧试验所测得的最大热释放速率相差较大，一般在 13～200 之间，各类货车火灾的平均最大热释放速率在 100 左右。目前少有针对油罐车火灾开展的足尺试验，一般规范以及指南是根据实际发生的油罐车火灾事故中的数据对于火灾最大热释放速率推荐进行确定，这一数值同燃料类型、燃料泄漏数量以及池液面积有关，一般在 100～300 之间，平均最大热释放速率为 200 左右。

3）火灾持续时间

不同类型车辆的可燃物数量与燃烧特性的区别导致自然状态下各类车致火灾的持续时间有所区别。大量文献基于试验以及统计结果对各类车致火灾持续时间展开了专门研究，在无消防措施介入的前提下，各类研究给出的火灾持续时间参考值见表 4-1。但许多城市桥梁附近配置有齐全的消防站以及消防措施，城市内一般要求消防队 30min 内赶到事故场地，火灾发生 45min 内保证一般性火灾可得到控制，因此各类车致火灾具体持续时间会比表中数据小，火灾持续时间还应结合具体桥址附近的消防配套设施进行深入分析。

车致火灾持续时间　　表 4-1

车辆类型	火灾持续时间(min)	推荐取值(min)
小汽车	50	45
	60	
	45	
客车	90	90
	90	
货车	<60	100
	90	
	100	
油罐车	100	120
	120	

综上所述,基于相关文献研究及各国规范,结合悲观准则,不同车型的各类火灾热释放模型的参数按照表4-2进行取值。

桥梁不同车型火灾持续时间取值表　　表4-2

车辆类型	增长系数(kW/s^2)	最大热释放速率(MW)	初始增长时间(min)	最长持续时间(min)
小汽车	0.011	5	11.2	45
客车	0.123	30	8.2	90
货车	0.5	80	6.7	100
油罐车	1	200	7.5	120

4.1.4 车致火灾火源尺寸模型

小汽车、客车及货车等常规车型在火灾过程中一般不存在液体可燃物泄露导致火灾扩散的情况,桥梁火灾火源面积一般同着火车车辆的尺寸紧密相关,因此火源形式也相对固定,可用固定面积表示。参考各类规范、指南的推荐值基本相同:小汽车火灾火源面积为$1.5\times4m^2$;客车火灾火源面积为$(2\times6\sim2.5\times10)m^2$与$2\times6m^2$,综合考虑可以取为$2\times6m^2$;对于货车火灾可以选取$4\times6m^2$。

对于油罐车火灾,其燃料极易泄漏在地面上汇集形成池火灾,火源面积除了与油罐车尺寸有关之外,还与液体燃料的泄漏量和泄漏速率有关。当桥梁上发生油罐车火灾时,若不采取及时的控制措施,火源会沿着桥面不定向延伸扩大。根据油罐车池火灾火场特性,其单位面积的热释放速率基本为定值,可以根据燃料的燃烧速率进行计算。单位面积热释放速率表达式为:

$$\bar{q}=\chi\Delta H_c\dot{m}''_{\infty}[1-e^{(-\kappa\beta D_f)}]$$

式中:$\bar{q}$——单位面积热释放速率(kW/m^2);

χ——燃料燃烧效率,反应不完全燃烧程度;

ΔH_c——燃料的热值(kJ/kg);

$\dot{m}''_{\infty}$——燃料的极限质量燃烧速率[$kg/(m^2\cdot s)$];

D_f——液池直径(m);

κ——火焰的吸收衰减速率(m^{-1});

β——火焰的平均辐射波长修正系数。

以油罐车最常运输的汽油为例,根据上述公式可以计算得到单位面积热释放速率约为$2403.5kW/m^2$,而油罐车火灾最大热释放速率为100~300MW。根据油池火灾火源面积计算公式$A_f=\dot{Q}/\dot{q}$,可近似计算得到火源面积为$41.6\sim124.8m^2$,考虑液池的面积为长方形,长度取12m,得到宽度取值范围为3.5~10.4m,取平均值得到油罐车火灾的火源面积为$6.9\times12m^2$,最终确定各类车致火灾火源尺寸见表4-3。

桥梁各类车致火灾火源面积取值表 表 4-3

车辆类型	火灾火源面积综合取值(m^2)
小汽车	1.5×4
客车	2×6
货车	4×6
油罐车	6.9×12

4.2 车致火灾火场温度分布

4.2.1 车致火灾火场模拟原理

各类车致火灾破坏能力强，一般规模较大且难以控制，开展足尺试验往往伴随较大的经济代价，且试验实施过程中还会伴随着环境污染以及一系列安全问题。随着计算机技术的日趋成熟，如今常常采用数值模拟的方式对火场温度分布情况展开研究。但火场并非一个稳定系统，具有一定的随机性，如何结合火场特点对其进行适当的简化成为数值模拟技术的关键。

根据模型的简化角度，可将各类火场模型分为网格模型、区域模型、场模型、复合模型四类。其中网格模型与区域模型对火场形态进行极大简化，主要模拟了受限空间下火灾烟气的模拟，主要适用于高层建筑内部火灾模拟。而复合模型将多种模型特点结合，但也主要研究火灾烟气运动，难以满足桥梁火灾火场模拟的要求。

场模型又被称为计算流体动力学(Computational Fluid Dynamics，简称 CFD)模型，是建立在流体动力学基础上的一种数学模型，通过将待分析的空间划分为大量单元，并结合质量守恒定律、动量守恒定律和能量守恒定律等通用规律进行联立求解。虽然计算代价较高，但对火场简化程度最小，计算结果最为详尽，适合进行桥梁火灾火场模拟分析。

目前用于进行场模型分析的软件主要包括 FDS、FLUENT、CFX、JASMINE、PHOENICS 等，各类软件底层逻辑与基本原理相似，但 FDS 拥有大量实例为其模拟结果进行验证支持，其计算结果真实可信。且由于引入了大涡模拟的方式，重点考虑对结构影响较大的大尺度涡流的模拟，对尺度较小的涡流通过建立亚网格尺度模型，建立与大涡的关系进行求解，大大减小了计算量，提升了计算速度，结果误差也在可接受范围内，是一种较为理想的简化手段，最终选取 FDS 进行车致火灾火场模拟工作。

4.2.2 车致火灾场模型参数设定

根据第 4.1 节中对于各类车致火灾火源模型的调研分析，可以初步确定各类火灾的热释放速率变化曲线，可以基本确定火灾的发展趋势、火场温度分布情况以及火势最终剧烈程度。

另一方面，结合前文中各类车致火灾火源尺寸数据，可以基本确定火灾蔓延规模。为了以较小的计算代价全面准确地了解各类车致火灾火场温度分布特点，需要进一步对模拟区域尺寸进行讨论。

为避免边界条件过多影响限制火势发展，也为充分了解火势发展情况，同时从计算量的角度考虑模拟区域尺度不宜过大，最终确定模拟区域两边留出对应火源尺寸的一半长度，即对于火源尺寸为1.5m×4m的火灾，模拟区域尺寸确定为3m×8m范围，且保证火源位于模拟区域中心。

当火场温度低于200℃时，该区域火焰基本不会对桥梁构件产生影响，为减少计算量，可以不对该部分火场进行考虑，结合这一准则，经过初步概算可以得到各类车致火灾模拟区域高度范围，小汽车、客车、货车与油罐车模拟区域高度分别为8m、12m、23m、35m，各类火灾高于模拟区域高度范围的火场温度均低于200℃。

在进行FDS模拟时，需要对模拟区域进行网格划分，若网格划分过密，则运算量大，将花费大量时间进行计算，而网格划分过于疏松则将导致计算结果误差过大。因此，需要结合火灾的特征半径来确定网格尺寸，特征半径的计算公式为：

$$D_f^* = \left(\frac{\dot{Q}}{\rho_\infty c_\infty T_\infty \sqrt{g}} \right)^{\frac{2}{5}}$$

式中：D_f^*——火灾的特征直径(m)；

$\dot{Q}$——热释放速率(W)；

ρ_∞——周围环境中的空气密度，可取1.2kg/m；

c_∞——空气比热容，可取1000J/(kg·℃)；

T_∞——周围环境温度(K)；

g——重力加速度，可取9.8m/s^2。

火灾特征直径D_f^*与模型中网格尺寸δ_x的比值D_f^*/δ_x为一个无量纲数，这一数值越大，计算结果精度越高，但计算量也就越大，一般为了平衡计算精度与计算时间，D_f^*/δ_x取值在4~16范围内。最终确定模拟区域的各个尺寸见表4-4。

车致火灾模拟区域尺寸

表4-4

车辆类型	火源尺寸(m×m)	模拟区域高度(m)	模拟区域尺寸(m×m)	单元尺寸最大值(m)	单元尺寸最小值(m)	最终确定单元尺寸(m×m×m)
小汽车	1.5×4	8	3×8	0.46	0.11	0.33×0.33×0.33
客车	2×6	12	4×12	0.93	0.23	0.50×0.50×0.50
货车	4×6	23	8×12	1.38	0.35	0.80×0.80×0.77
油罐车	6.9×12	35	13.8×24	1.99	0.5	0.80×0.77×0.70

最后还需要注意，通常风速越大，火焰长度越小，高温的分布范围越小，火灾对结构造成的损伤越小，各类车致火灾均讨论最不利工况为0m/s风速环境下火场温度分布情况。

4.2.3　车致火灾场模拟结果

模拟过程中，各类火灾热释放速率先增大后维持不变，因此火灾初期火灾规模较小，火场温度较低，后期随着火灾热释放速率达到峰值，火灾规模扩大并维持稳定。各类车致火灾初期增长阶段与稳定燃烧阶段的燃烧情况如图 4-6 所示。

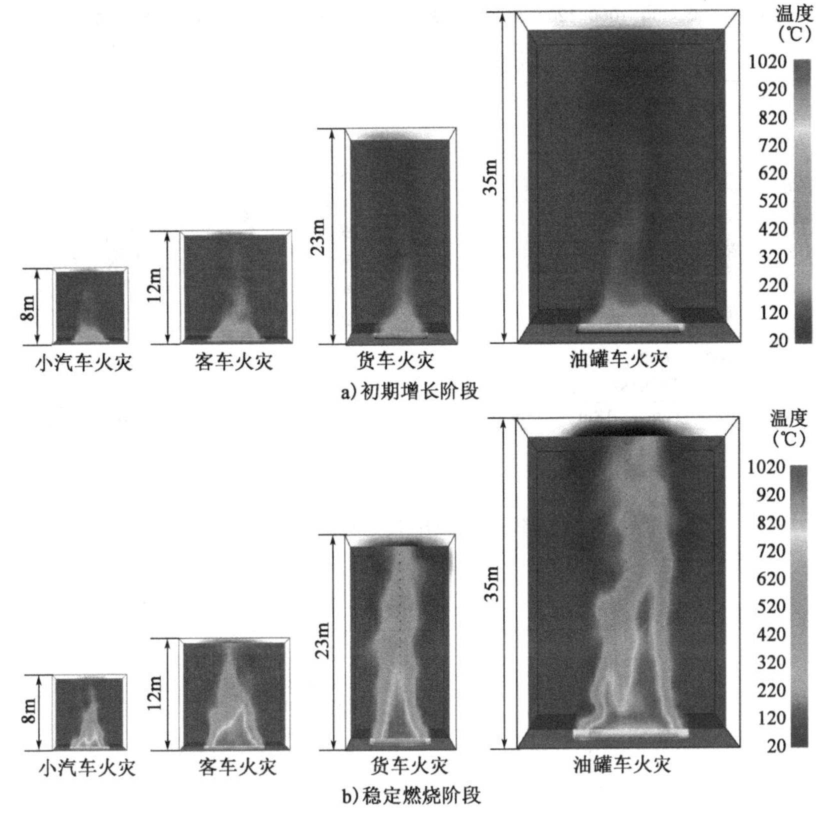

图 4-6　各类车致火灾燃烧状况

各类车致火灾在发生 200 ~ 600s 后进入稳定燃烧阶段，而由于场地周围空气流动、地球引力的影响等因素，火焰会呈现一定的脉动现象，通常表现为火焰的闪烁与震荡，这也导致了火灾持续过程中，各点温度会在均值附近上下波动。而随着高度的增加，火场温度也会逐渐降低，各类车致火灾中心线上不同高度处温度随时间变化曲线如图 4-7 所示。各类火灾对于周边构件升温作用是一个持续的能量累计作用，选取稳定燃烧阶段各高度处平均温度作代表可以更好地说明火场剧烈程度，而各类车致火灾平均温度随高度变化曲线如图 4-8 所示。各类火灾最高温度一般发生在距桥面 1 ~ 2m 高度处，一般在 1000℃左右，随距桥面高度的增加，火场温度逐步递减，其中热释放速率最小的小汽车火灾递减速度最快，而油罐车火灾递减速度最慢，直到距桥面高度 26m 处的火场位置才开始低于 300℃。

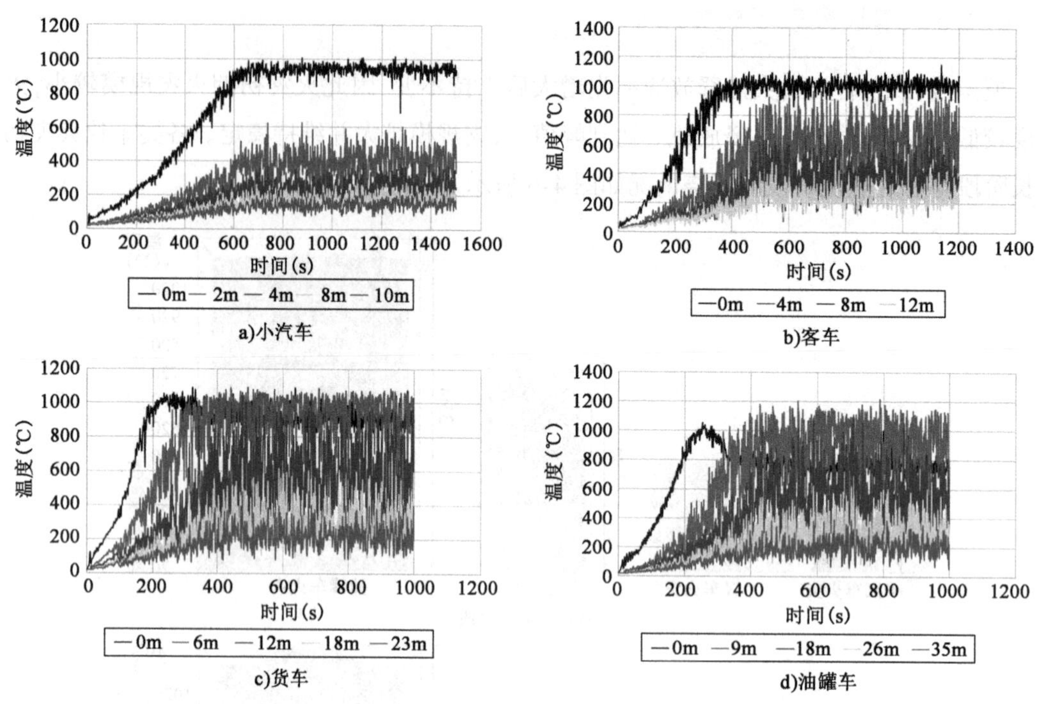

图 4-7 各类车致火灾不同高度处温度随时间变化曲线

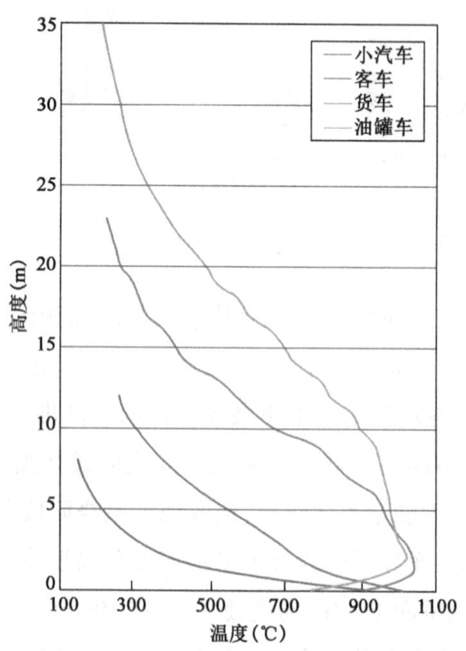

图 4-8 各类车致火灾平均温度随高度变化曲线

4.3　车致火灾温度场模型

FDS 场模型计算量大，运算时间长，且难以直接探求火场构件内部温度分布情况，欲探究桥梁构件在火灾作用下温度变化情况，需要进一步对火灾进行简化。而桥梁火灾往往发生在开敞环境，产生的烟气消散迅速，因此辐射传热是桥梁火灾的重要热作用形式。可以将火灾中的火焰简化为几何模型，并赋予其一定的温度，计算火焰对构件的热辐射值，进而确定构件在火灾中的温度变化情况，目前常用的火灾简化模型主要有三种形式：点源模型、圆柱火焰模型、修正的圆柱火焰模型，如图 4-9 所示。

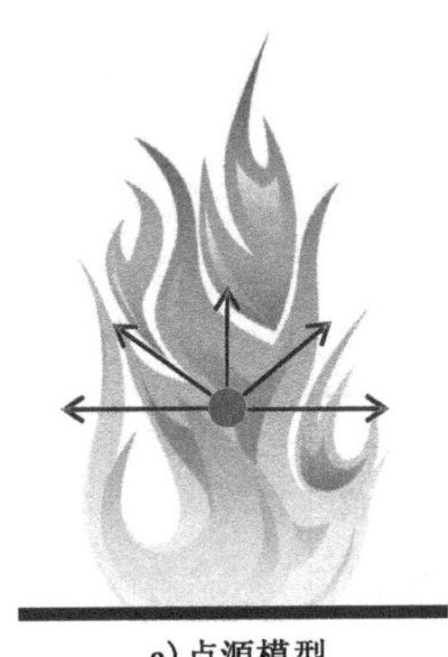

a) 点源模型

b) 圆柱火焰模型

c) 修正的圆柱火焰模型

图 4-9　常见火焰模型

(1) 点源模型[图 4-9a)]适用于所分析的构件距离火焰较远的情况，此时火焰自身形状对于结果影响不大，可将火焰简化为一点，这一点向外部辐射能量。模型简单，运算量小，但一般结果误差较大。桥梁缆索距离发生在桥面的车致火灾火焰一般距离较近，该模型不适用于桥梁火灾分析。

(2) 圆柱火焰模型[图 4-9b)]通过将火焰简化为一个圆柱体，实现对于火焰形状的模拟，可以更精确地计算不同区域火焰对于受热构件的不同影响，虽然比点源模型计算量大，但对于距离火焰较近构件的温度分布计算更加精确。

(3) 修正的圆柱火焰模型[图 4-9c)]是对于圆柱火焰模型的一次改进，基本简化方式与圆柱火焰模型相似，但它进一步考虑了火灾中产生的烟气对于辐射传热的影响，将火焰模型分为两个部分，上部烟气集中部分同下部的辐射特性有所不同。

考虑到桥梁车致火灾发生于开敞位置，烟气可以快速扩散，同时火源多表现为长方形，考虑采用圆柱火焰模型并进行一定优化，将火焰模型描述为六面体，形成六面体火焰模型，如图 4-10所示。由于车致火灾不同位置处的温度同所处高度具有显著的相关性，可将六面体模型沿高度方向划分为若干段，赋予不同节段不同温度，形成车致火灾温度场模型，用于桥梁构

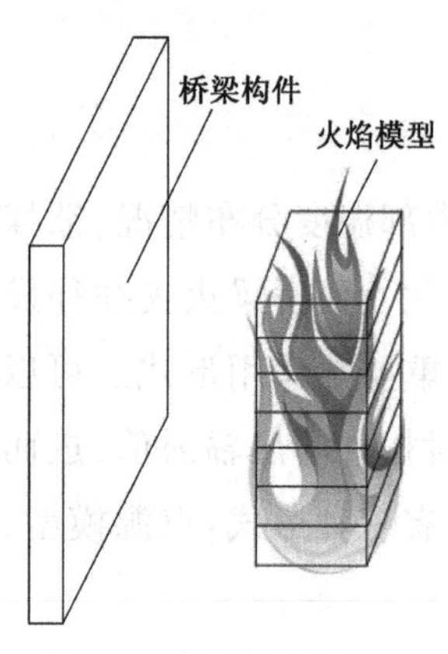

图 4-10　车致火灾温度场模型

件升温计算。

车致火灾温度场模型不同节段温度的计算公式如下：

$$T_{fa} = \begin{cases} \dfrac{\widehat{T_{fa}}}{t_g} \cdot t & (0 \leqslant t < t_g) \\ \widehat{T_{fa}} & (t_g \leqslant t \leqslant t_d) \end{cases}$$

式中：$\widehat{T_{fa}}$——火灾稳定燃烧阶段的温度(℃)；

t_g——火灾初始增长时间(s)；

t_d——火灾持续时间(s)。

其中火灾初始增长时间 t_g 以及火灾持续时间 t_d 可结合第 4.1 节中的调研结果进行选取，而火灾稳定燃烧阶段的温度 $\widehat{T_{fa}}$ 需要结合第 4.2 节中稳定燃烧阶段火场温度各高度平均温度的计算结果，对计算结果进行平滑处理后得到，如图 4-11 所示。

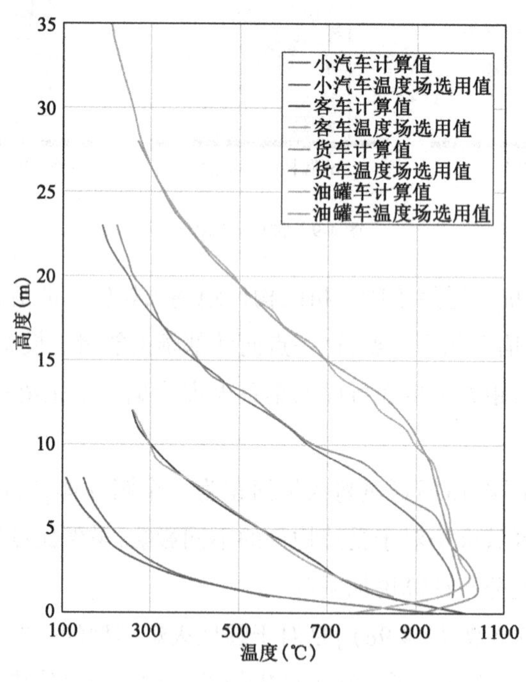

图 4-11　稳定燃烧阶段不同高度简化模型温度取值

4.4　本章小结

在各类桥梁火灾中，车致火灾发生频率高、热作用剧烈，需要进行重点关注与防护。本章采用文献调研的方式对于各类车致火灾燃烧特点展开研究，据此建立了基于流体动力学理论的车致火灾场模型，分析了车致火灾燃烧特点，最终结合分析得到的燃烧特点以及火灾中热传递方式，对火灾模型进一步简化，得到可用于后续数值模拟车致火灾的温度场模型。

本章参考文献

[1] 钟委，霍然，史聪灵. 热释放速率设定方式的几点讨论[J]. 自然灾害学报，2004，13(2)：64-69.

[2] 霍然，胡源，李元洲. 建筑火灾安全工程导论[M]. 合肥：中国科学技术大学出版社，1999.

[3] Philip J D N, Dougal D, Craig L B, etc. SFPE handbook of fire protection engineering [M]. New York: Springer, 2002.

[4] Haack A . Fire protection in traffic tunnels: general aspects and results of the EUREKA project [J]. Tunnelling & Underground Space Technology, 1998, 13(4): 377-381.

[5] Gonzalez G . The memorial tunnel fire ventilation test program: the longitudinal and natural tests [J]. ASHRAE Transactions, 1997, 103(2): 701-713.

[6] Ingason H , Li Y Z , Loennermark A . Runehamar tunnel fire tests[J]. Fire Safety Journal, 2015, 71: 134-149.

[7] Cafaro E , Bertola V. Fires in tunnels: experiments and modelling [J]. The Open Thermodynamics Journal, 2010, 4: 156-166.

[8] Yusuke S, Norichika K , Kazunori H . Experimental investigation of burning behavior of automobiles [C]//The 6th Asia-Oceania Symposium on Fire Science and Technology, 2004: 1-13.

[9] Ingason H . Heat release rate measurements in tunnel fires [C]//The Second International Conference on Safety in Road and Rail Tunnels, 1995: 261-268.

[10] 倪照鹏，陈海云. 国内外隧道防火技术现状及发展趋势[J]. 交通世界，2003(2)：28-31.

[11] 陈贻来. 单个小汽车火灾热释放速率影响因素分析[J]. 消防科学与技术，2010，29(5)：379-382.

[12] Lacroix D. New French recommendations for fire ventilation in road tunnels [C]. Paris: Mechanical Enginering Publications Limited, 1997.

[13] Grant G, Drysdale D. Estimating heat release rates from large-scale tunnel fires [C]//Fire Safety Science-Proceedings of the Fifth International Symposium, Melbourne, 1995: 1213-1224.

[14] FIT. Technical report part1-design fire scenarios[M]. Lisbon: European Commission under the 5th Frame Work Program , 2005.

[15] PIARC. Fire and smoke control in road tunnel [M]. London: Permanent International Association of Road Congress, 1999.

[16] AJM Heselden. Studies of fire and smoke behaviour relevant to tunnels [M]. London: Building Research Establishment Fire Research Station, 1978.

[17] Babrauskas V . Estimating large pool fire burning rates[J]. Fire Technology, 1983, 19(4): 251-261.

[18] Karlsson B, Quintiere J G. Enclosure fire dynamics [M]. Los Angeles: CRC press, 2014.

[19] Hill K. Verification and validation of selected fire models for nuclear power plant applications [M]. Washington: US Nuclear Regulatory Commission, 2006.

[20] Quiel S E , Yokoyama T, Bregman L S , et al. A streamlined framework for calculating the response of steel-supported bridges to open-air tanker truck fires[J]. Fire Safety Journal, 2015, 73: 63-75.

[21] 马明雷. 桥梁车致火灾及基于性能的抗火设计方法[D]. 上海: 同济大学, 2016.

第5章 缆索承重桥梁火损数值模拟分析

第4章根据火场分布特点简化提取得到了可用于缆索温度分析的车致火灾温度场模型。本章将利用这一温度场模型结合实桥案例对火灾中缆索温度变化以及损伤情况展开定量分析。为达到这一目的，需要参考桥梁具体情况设置典型火灾场景，所选取的典型火灾场景需要全面反映火灾对缆索影响的程度。根据材料的各类热力学参数建立包含缆索以及火场的有限元模型，进行热力学分析，得到火灾过程中缆索温度变化情况。最终结合文献调研确定缆索高温损伤的判断依据，对火灾过程中缆索损伤情况与特点进行整理与总结。

5.1 承重缆索火损判别标准

进行火损模拟分析的首要任务是确定各类缆索的火损判断依据，明确材料温度与其损伤状态的对应关系。可以依据发生先后顺序将高温作用下缆索的破坏过程分为三个阶段，分别为：防护结构失效、钢丝损伤以及钢丝破断失效。

1)防护结构失效

作为最外层结构，各类缆索的防护结构最先受到火灾高温作用，一般也最早发生损伤。目前主流使用的防护结构材料大多易被点燃，燃烧后的防护结构则难以起到防护作用，因此可将防护结构材料的点燃温度作为判断其是否失效的依据。文献调研结果表明，目前较为常用的防护材料为高密度聚乙烯(HPDE)，点燃温度在350℃左右，可以认为当防护结构最高温度达到350℃时，缆索防护结构失效。需要特别指出的是，国内外缆索体系桥梁作为缆索防护材料的HPDE、聚硫密封胶、聚乙烯类缠包带等均是可燃、不阻燃的有机材料，当持续温度超过350℃时，HPDE保护套发生燃烧并产生带火滴挂现象，带火燃烧缆索造成自身损伤或破坏，同时影响着周边承重缆索的安全，进而威胁全桥的安全，这是一个极为重要且敏感的安全问题。

2)钢丝损伤

目前使用的各类缆索钢丝为镀锌钢丝，常温下屈服强度较高。随着温度的上升，钢丝屈服强度随之降低，影响受力性能。已有很多针对钢丝强度随温度变化规律的研究，欧洲规范 Eurocode 3：EN 1992-1-2 认为，高温下钢丝力学性能变化规律可用强度折减系数表述，见表 5-1。当温度超过 400℃时，规范中强度折减系数小于 1，钢丝开始发生损伤，故可将 400℃作为钢丝损伤判别标准。

钢材强度折减系数取值表　　表 5-1

钢材内部温度（℃）	强度折减系数	钢材内部温度（℃）	强度折减系数
20	1.000	700	0.230
100	1.000	800	0.110
200	1.000	900	0.060
300	1.000	1000	0.040
400	1.000	1100	0.020
500	0.780	1200	0.000
600	0.470		

注：对于未给定的温度折减系数，采用线性插值法确定。

美国规范 Recommendations for Stay Cable Design, Testing and Installation（PTI DC45.1-12）中规定：在 1100℃环境下，缆索内钢丝温度不超过 300℃并持续 90min。即规范认为钢丝温度不超过 300℃时，其不会发生损伤。

综合上述研究，可偏保守地将钢丝表面最高温度是否达到 300℃作为钢丝出现损伤的判别依据。

3）钢丝破断失效

在火灾过程中，随着钢丝温度的上升，它的强度也将不断折减，若无其他因素的干扰，则钢丝将在两端拉力作用下发生断裂，进而完全失效。但桥梁运营期间，缆索内钢丝受力并非恒定不变，特别是在火灾这类极端作用影响下，各缆索内不断发生着应力重分配，难以直接确定断裂时钢丝两端的拉力。为便于分析，在缆索标准抗拉强度的基础上，考虑缆索不同的设计安全系数，得到缆索钢丝的失效抗拉强度，再根据这一强度确定对应的钢丝破断失效温度。具体计算公式如下：

$$R_y^{b'} = \frac{R_y^b}{n_s}$$

$$T_L = f(R_y^{b'})$$

式中：$R_y^{b'}$——构件材料的失效抗拉强度（MPa）；

R_y^b——构件材料的标准抗拉强度（MPa）；

n_s——缆索设计安全系数，依据相关规范确定；

T_L——钢丝破断失效临界温度（℃），由 $R_y^{b'}$ 对应表 5-1 计算得到；

$f(x)$——由表 5-1 确定的钢材强度与钢材温度的关系函数。

由于缆索内部钢丝标准抗拉强度以及设计安全系数的不同，最终确定得到的钢丝破断失效临界温度也将有所不同，但一般各类缆索的临界温度都在 600℃以上。

5.2 斜拉桥火损计算分析

5.2.1 火灾场景设定

斜拉索与火场的具体位置关系在很大程度上决定了火灾过程中斜拉索的升温幅度与损伤情况。每座斜拉桥的斜拉索布置以及桥面具体情况各有不同,本书以黄埔大桥北汊斜拉桥为例,研究车致火灾对于斜拉桥的影响。

黄埔大桥北汊桥是一座跨径布置为 383m + 322m 的独塔斜拉桥,锚跨与主跨跨径比为 0.8407,拉索在主跨上的标准索距为 16m,锚跨部分索距为 12m,斜拉桥总体布置情况如图 5-1 所示。桥梁所采用的斜拉索为热挤聚乙烯高强钢丝拉索,内部为高强钢丝束,外部裹覆高密度聚乙烯(HDPE)护套,参考相关资料确定的两类材料的热力学参数见表 5-2。内部高强钢丝束采用公称抗拉强度 1670MPa 的钢丝,设计安全系数为 2.5,结合第 5.1 节内容可推断,当钢丝温度大于 630℃时,钢丝可能发生破断失效。另外,根据受力情况的不同,桥上各斜拉索护套厚度在 9 ~ 11mm 之间,拉索外径在 111 ~ 143mm 之间,斜拉桥各拉索参数见表 5-3。

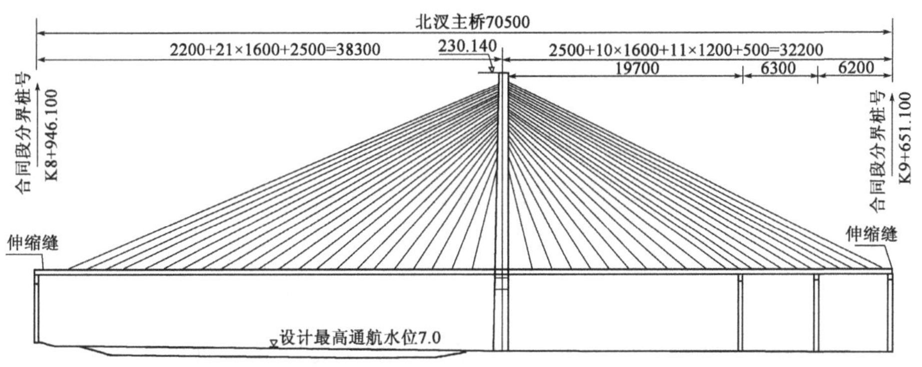

图 5-1　黄埔大桥北汊斜拉桥总体布置图(尺寸单位:mm;高程单位:m)

材料热力学参数表　　表 5-2

材　　料	比热容[J/(kg · ℃)]	热辐射系数[W/(m^2 · K^4)]	导热系数[W/(m · K)]
高强钢材	600	0.8	45
PE 护套	1884	0.5	0.42

斜拉桥各拉索参数表(单位:mm)　　表 5-3

拉索编号	护套厚度	总直径	拉索编号	护套厚度	总直径	拉索编号	护套厚度	总直径	拉索编号	护套厚度	总直径
J1	9	111	J12	10	128	Z1	9	111	Z12	10	118
J2	9	103	J13	10	128	Z2	9	103	Z13	10	137
J3	9	103	J14	10	137	Z3	9	103	Z14	10	137
J4	9	111	J15	10	137	Z4	9	111	Z15	10	137
J5	9	111	J16	10	137	Z5	9	111	Z16	10	137
J6	9	111	J17	10	137	Z6	9	111	Z17	10	137
J7	10	118	J18	11	143	Z7	9	111	Z18	10	137
J8	10	118	J19	11	143	Z8	10	118	Z19	11	143
J9	10	128	J20	10	137	Z9	10	118	Z20	11	143
J10	10	128	J21	10	137	Z10	10	118	Z21	11	143
J11	10	128	J22	10	137	Z11	10	118	Z22	11	143

车致火灾的发生位置具有随机性,不同的火灾发生位置造成缆索的升温幅度与损伤程度有所区别,因此,在计算中分别选取纵向、横向比较有代表性的位置布置火场,分析它对于缆索的影响。

黄埔大桥北汉斜拉桥为双向八车道,车道较宽。随着火灾发生位置由外车道向里,火灾对于处于车道外侧的缆索的影响也逐渐减弱。为考虑火灾对缆索的最不利作用,场地设定中均认为火灾发生在最外侧车道,即各类车致火灾边缘距离斜拉索 1m,如图 5-2 所示。

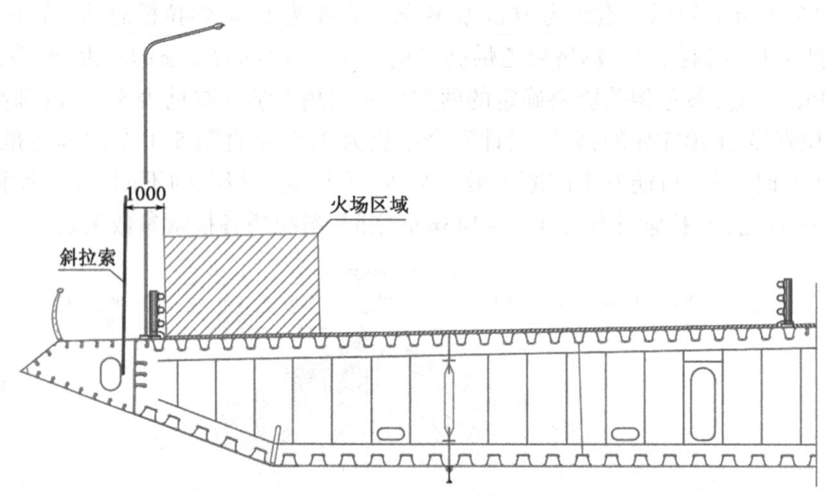

图 5-2 斜拉桥火灾场景横桥向设置图(尺寸单位:mm)

当火灾发生在桥梁纵向不同位置时,火场的影响主要随斜拉索的水平间距、倾角以及直径不同而有所不同,导致这些斜拉索受火灾损伤程度也将有所差别。为全面讨论火灾发生在不同纵向位置时斜拉索受到的不同程度的损伤,依据索距以及拉索直径的变化情况,沿纵桥向确定 6 个具有代表性的位置,如图 5-3 所示。各火灾场景下主要影响的拉索见表 5-4。

各火灾场景下主要影响的斜拉索　　表 5-4

火灾场景	主要影响的斜拉索	火灾场景	主要影响的斜拉索
S1	J16 ~ J22	S4	Z1 ~ Z7
S2	J7 ~ J13	S5	Z8 ~ Z14
S3	J1 ~ J7	S6	Z16 ~ Z22

5.2.2 斜拉索火损计算分析

1)油罐车火灾作用下的火损分析

首先分析油罐车火灾造成的影响,结合第 4.3 节油罐车火灾温度场模型与斜拉桥工程特点，分别建立各火灾场景的数值模型，定量分析油罐车火灾期间斜拉索中钢丝与护套的温度变化情况，最终确定油罐车火灾造成的钢丝与护套温度变化曲线，如图 5-4 所示。

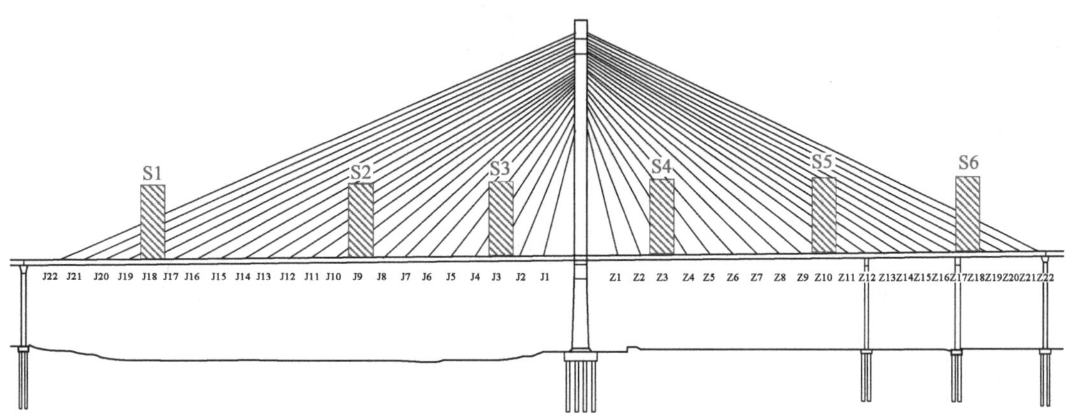

图 5-3 斜拉桥火灾场景纵桥向设置图

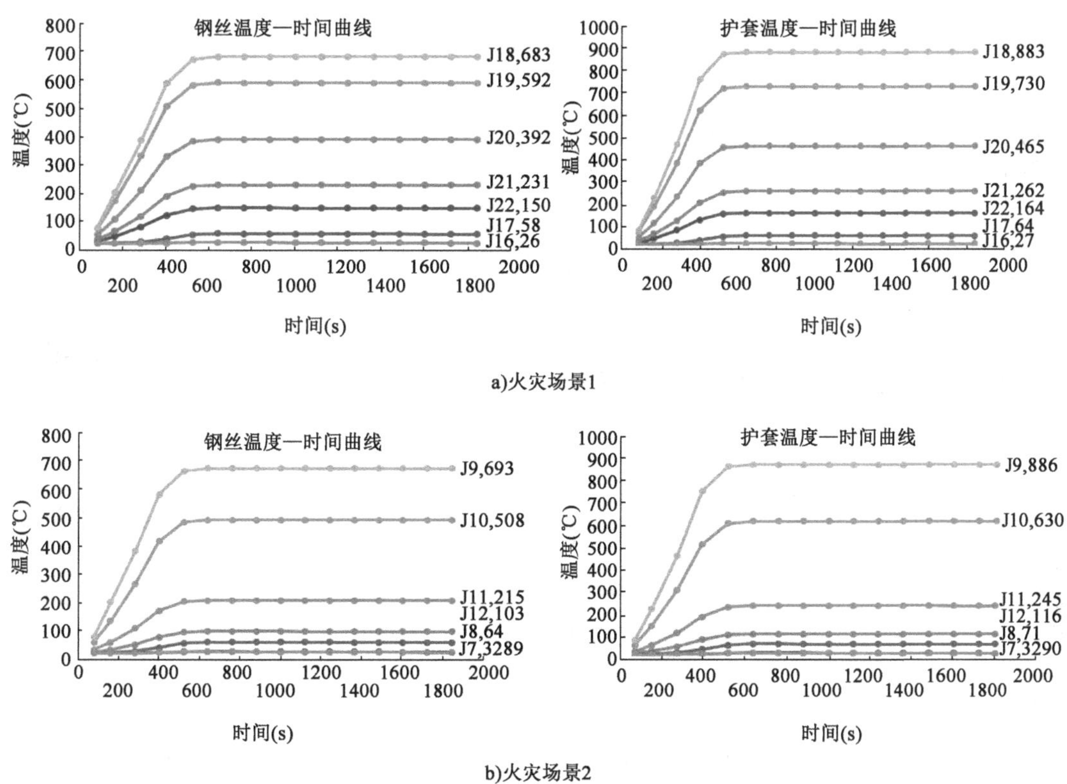

a)火灾场景1

b)火灾场景2

图 5-4

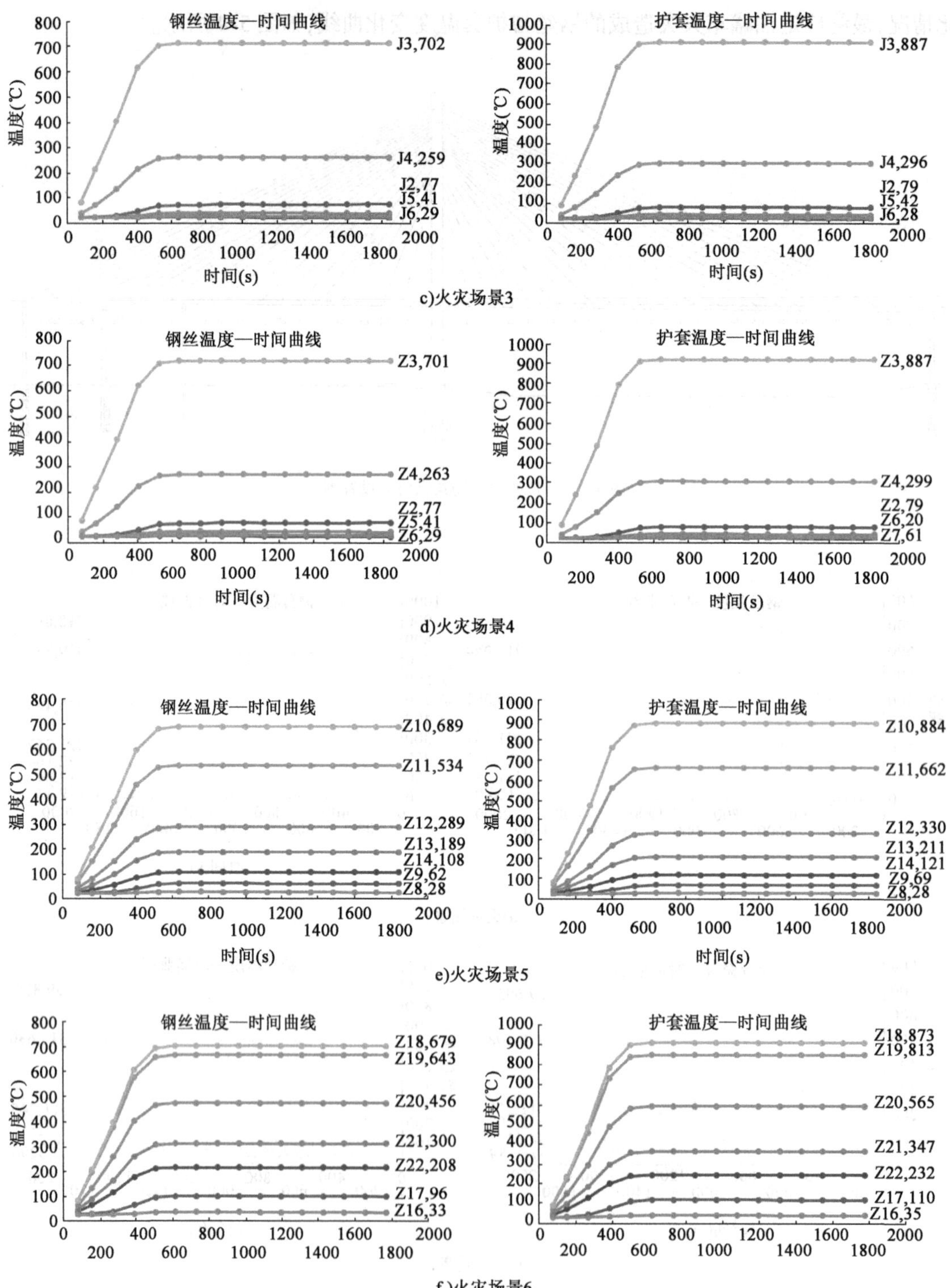

图 5-4　油罐车火灾中斜拉索温度随时间变化曲线

火场中,斜拉索钢丝与护套温度随时间变化曲线反映了火损过程,以火灾场景 1 为例,油罐车火灾主要影响了周边 J16 ~ J22 共 7 根斜拉索,引起了护套与内部钢丝发生不同程度的升温。随着火灾发生早期火场温度的快速升高,斜拉索温度也将快速升高,升温速率与火场温度变化特点具有较强关联性,斜拉索快速升温期较油罐车火灾初始增长时间长约 50s。经历快速升温期后,斜拉索钢丝与护套的温度都将进入稳定发展阶段,温度基本保持不变。稳定发展阶段护套的温度比火场温度低 100℃左右,斜拉索钢丝温度又比护套温度低 200℃左右。斜拉索内钢丝与护套的温度都将随着距离桥面高度的增加而递减。结合缆索火损判断标准,火灾开始后 220s,受火灾影响最为显著的 J18 钢丝护套温度达到 350℃,可能发生缆索护套失效,火灾持续 235s 后,J18 钢丝最高温度达到 300℃,钢丝可能开始发生损伤,再经过 223s 后,钢丝最高温度达到 630℃,钢丝可能发生破断失效损伤。当斜拉索温度进入稳定发展阶段后,各斜拉索温度趋于保持稳定,这一阶段计算结果表明,距桥面距离小于 14.8m 的斜拉索护套可能发生失效损伤,小于 14.6m 的斜拉索钢丝可能发生高温损伤,小于 4.6m 的斜拉索钢丝可能发生破断失效问题。

各个火灾场景进入不同缆索损伤阶段的临界时间与临界高度见表 5-5。综合各个火灾场景下的计算结果,认为在油罐车火灾开始 240s 后,斜拉索就有发生护套失效、钢丝高温损伤的风险,火灾持续 480s 后,斜拉索钢丝可能发生破断失效问题。在整个火灾持续期间,距桥面高度 15m 范围内的斜拉索均可能发生护套失效与钢丝损伤问题,距桥面高度 5m 范围内的斜拉索可能出现钢丝断裂失效现象。

油罐车火灾作用下不同火灾场景的火损参数汇总　　表 5-5

项　目	火灾场景						全桥综合
	1	2	3	4	5	6	
钢丝高温损伤时间(s)	235	237	237	232	236	238	240
钢丝破断失效时间(s)	458	443	443	434	449	465	480
护套失效时间(s)	220	220	220	218	220	225	240
钢丝高温损伤临界高度(m)	14.6	14.1	12.0	12.9	13.0	13.2	15.0
钢丝破断失效临界高度(m)	4.6	4.0	4.6	4.5	3.3	4.5	5.0
护套失效临界高度(m)	14.8	14.1	12.1	13.1	13.1	13.3	15.0

横向比较各个火灾场景的计算结果,可以发现斜拉索发生损伤的时间与临界高度差距不大,差距一般不超过 5%。远离桥塔的火灾场景所影响的斜拉索倾角较小、数量较多,各相邻斜拉索之间的距离较近,因此各损伤场景的临界高度较高,属于较为不利的火灾场景。后续货车火灾与客车火灾计算过程中可以考虑采用火灾场景 1 作为代表对斜拉索进行火损分析。

2)货车火灾作用下的火损分析

结合前一部分的分析,火灾场景 1 所影响的斜拉索倾角较小,数量较多,属于较为不利的火灾场景,本部分仅分析货车火灾在场景1中的斜拉索升温情况。考虑到进入稳定发展阶段后斜拉索各部分温度基本不再发生变化,对火灾后期温度变化情况不做展示。最终计算得到斜拉索温度随时间变化曲线,如图5-5所示。

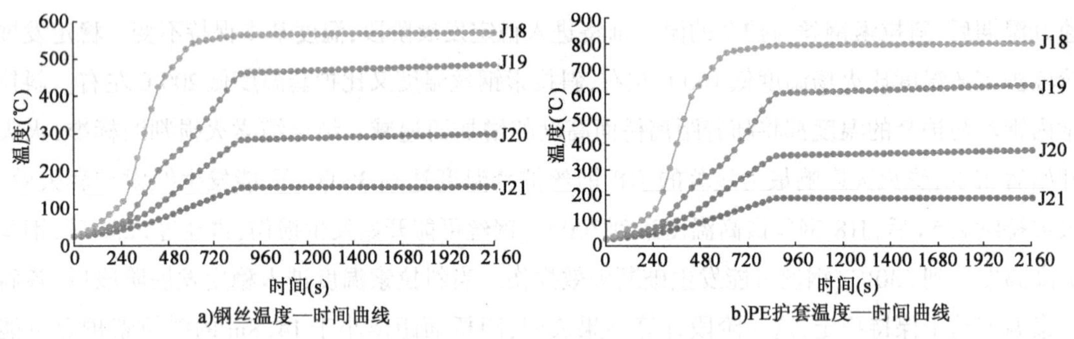

图5-5　货车火灾中斜拉索温度随时间变化曲线

与油罐车火灾中斜拉索升温规律相似,货车火灾主要影响的是J18～J21这4根斜拉索,均发生不同程度的升温,其中与桥面距离越近的斜拉索升温越迅速,达到的温度峰值也越高。油罐车火灾斜拉索初期温度快速增长阶段也比货车火灾初始温度增长阶段用时长约438s,之后进入斜拉索钢丝与护套温度基本不发生变化的稳定发展阶段,同样仅对进入稳定发展阶段后一段时间内的斜拉索温度变化情况进行验算。这一阶段斜拉索护套温度低于火场温度约150℃,钢丝比护套温度再低约200℃。

结合上述缆索火损判别标准,货车火灾开始后340s斜拉索护套出现失效,火灾经过380s后,斜拉索内钢丝开始出现高温损伤。根据计算结果,货车火灾持续期间斜拉索内钢丝最高温度为570℃,小于钢丝破断标准630℃,可认为货车火灾作用期间未发生斜拉索钢丝破断现象。结合稳定燃烧阶段各斜拉索的温度情况,护套失效与钢丝发生损伤的临界高度分别为10.4m与10.2m。

3)客车火灾作用下的火损分析

与货车火灾相似,客车火灾抗火性能计算过程中也选取较为不利的火灾场景1为代表,研究火灾作用下斜拉索的升温规律。为更好地看清火灾前期变化规律,对进入稳定燃烧阶段后期斜拉索温度维持不变的部分不做展示。计算分析得到的斜拉索护套与钢丝温度随时间变化曲线如图5-6所示。

由图可以看出,斜拉索钢丝与护套在客车火灾中同样首先经历一个快速升温阶段,这一阶段较客车火灾初始增长阶段用时长约168s,之后斜拉索钢丝与护套温度几乎不发生变化,这一阶段护套温度比周边火场温度低100℃左右,钢丝温度比护套温度低约200℃。距离桥面更近的J18钢丝与护套温度峰值的升温速率均比J19高。

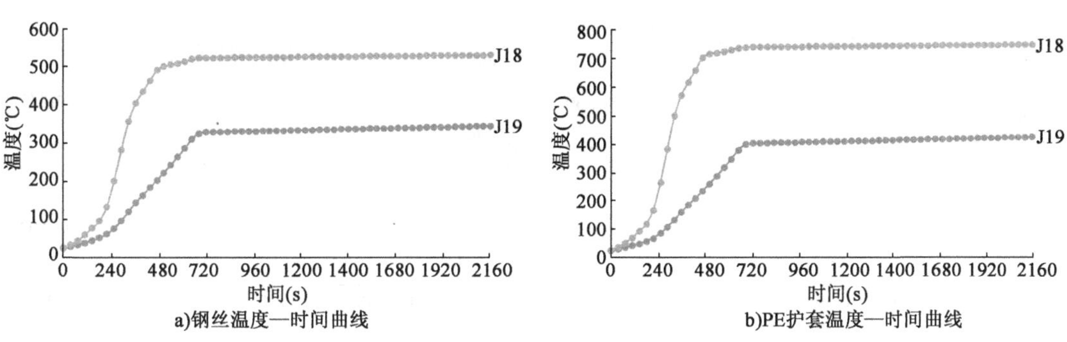

图 5-6　客车火灾中斜拉索温度随时间变化曲线

火灾场景 1 中,客车火灾中护套发生失效需要的燃烧时间在 280s 左右,斜拉索钢丝在火灾发生后 320s 后就可能发生损伤,整个火灾持续时间钢丝最高温度 531℃,未达到钢丝破断失效的临界温度。结合稳定燃烧阶段缆索温度分布情况,客车火灾中护套发生失效与钢丝发生损伤对应的临界高度分别为 6.6m 与 6.2m。

4)小汽车火灾作用下的火损分析

小汽车火灾热释放速率是几类车致火灾中最小的,但小汽车在车流中占比较大,这类火灾发生频率较高,为充分研究不同火灾发生位置对斜拉索造成的损伤,建立了各个火灾场景下的有限元模型,分析火灾发展初期以及进入稳定燃烧阶段后的一段时间内斜拉索温度变化情况,如图 5-7 所示。

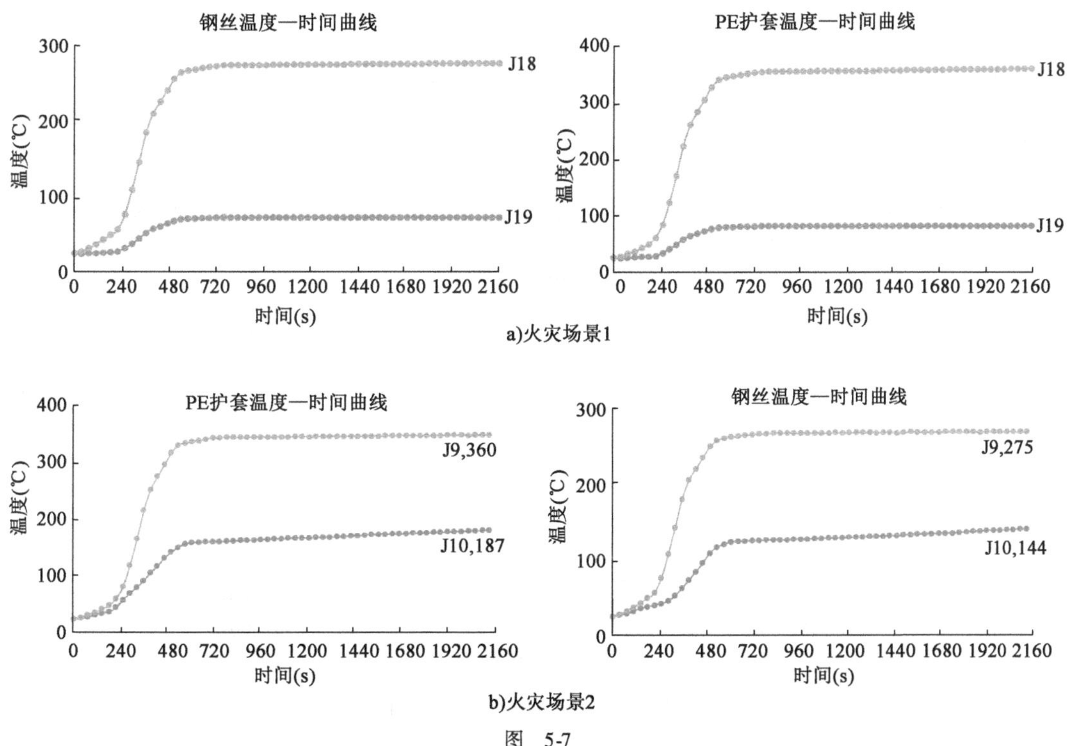

图　5-7

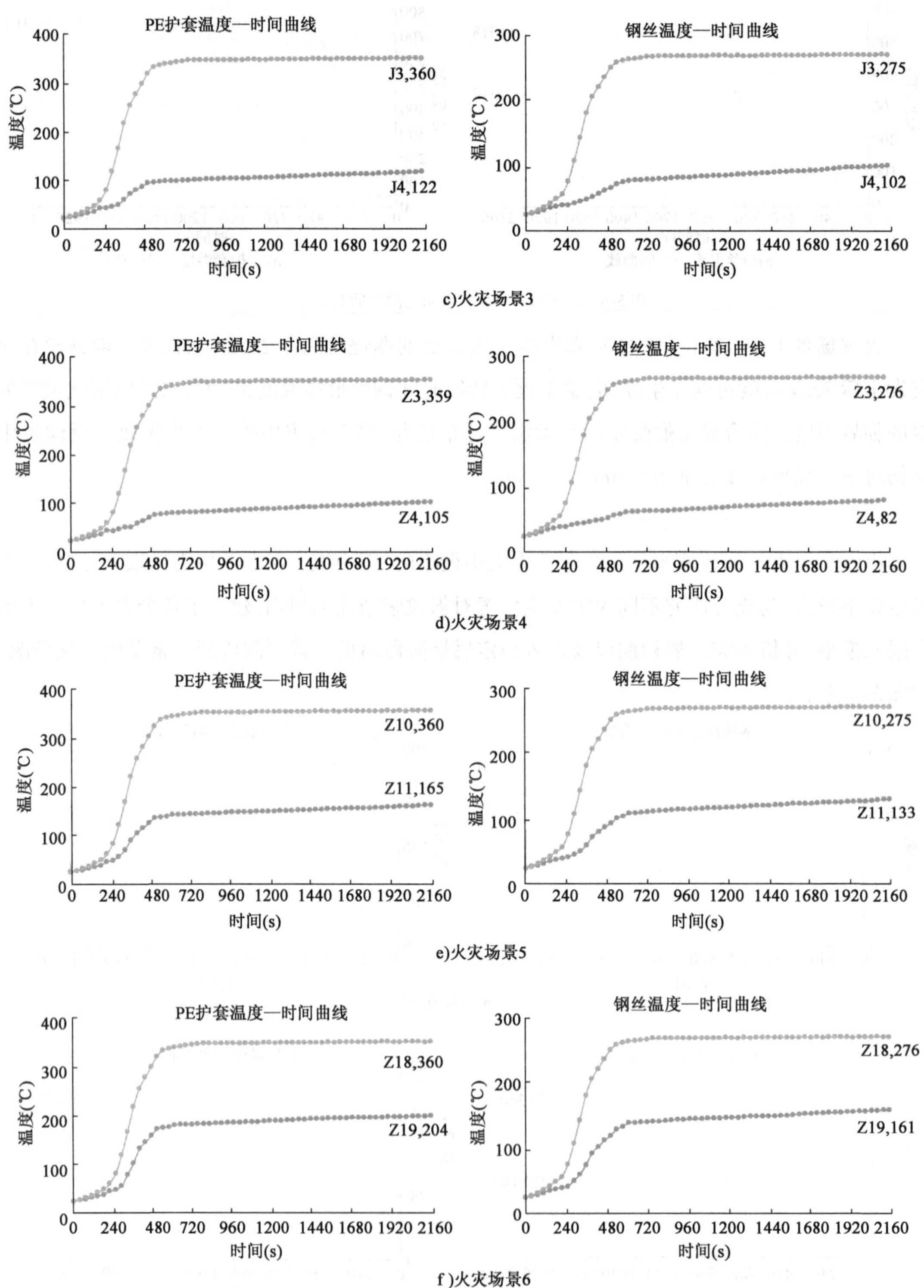

图 5-7　不同火灾场景中斜拉索钢丝温度随时间变化曲线

小汽车火灾中各火灾场景钢丝与护套的温度变化规律相似,以火灾场景 1 为例,首先经历一个持续 500s 的快速升温阶段,之后进入稳定燃烧阶段,斜拉索钢丝与护套的温度几乎保持不变。而小汽车火灾基本仅对 J18、J19 这 2 根斜拉索产生影响,其中较靠近桥面的拉索 J18 在火灾中升温速度以及最高温度均高于 J19。斜拉索护套最高温度比火场温度低 150℃左右,最高可到达 360℃,钢丝最高温度比护套温度低 80℃左右。最高可达到 276℃。结合缆索火损判别标准,小汽车火灾作用下斜拉索可能发生缆索护套失效损伤,在火灾发生后 648s,斜拉索表层护套温度开始超过 300℃,可能会发生护套失效问题,到达稳定发展阶段后,分析确定的护套失效临界高度为 2.8m。

综合各个火灾场景的计算结果,确定其进入缆索损伤阶段的临界时间与临界高度见表 5-6。可认为在小汽车火灾作用下,火灾发生后 684s(11.4min),斜拉索护套开始逐渐失效,对应临界高度在 3m 左右。由于小汽车规模较小,横向对比各个火灾场景的计算结果,发现计算结果的差异不大,各火灾场景下的差异基本可忽略。

小汽车火灾作用下不同火灾场景的火损参数汇总　　表 5-6

项　目	火灾场景						全桥综合
	1	2	3	4	5	6	
护套失效时间(s)	648	684	648	648	684	648	684
护套失效临界高度(m)	2.8	2.4	2.5	2.5	2.6	2.8	3

5.3　悬索桥火损计算分析

5.3.1　火灾场景设定

悬索桥中对火灾敏感的关键构件包括主缆以及吊索,为明确火场与各类缆索的位置关系,需要确定缆索与桥面的具体位置。本节以黄埔大桥南汊悬索桥为例,研究各类车致火灾作用下悬索桥关键构件损伤情况。

黄埔大桥南汊悬索桥为地锚式双塔悬索桥,跨径组合为 290m + 1108m + 350m。采用预制平行钢丝索股主缆,矢跨比 1∶10。吊索采用钢丝绳形式,吊索之间的间距为 12.8m。悬索桥总体布置情况如图 5-8 所示。

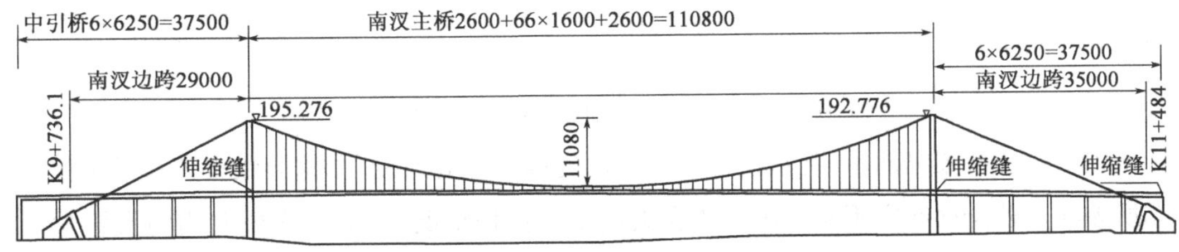

图 5-8　黄埔大桥南汊悬索桥总体布置图(尺寸单位:mm;高程单位:m)

组成主缆的索股由 127 根 ϕ5.2mm 镀锌高强钢丝组成,钢丝公称抗拉强度为 1670MPa,设计采用的安全系数为 2.5,结合第 5.1 节的内容,可以确定钢丝发生破断失效的临界温度为 630℃。主缆通长索股有 147 根,北边跨设 6 根背索,南边跨设 2 根背索,均在主索鞍上进行锚固。索股组成的主缆架设时竖向排列形成近似正六边形,通过紧缆使主缆形成圆形截面,索夹内直径分别为 795.6mm(北边跨)、779.9mm(中跨)、785.2mm(南边跨)。主缆最外层采用"ϕ4mm 镀锌缠绕钢丝 + 涂装防护"的方式对内部索股进行密封防护。但这类防护结构在火灾过程中极易受到破坏,难以起到抗火防护作用,故在数值模拟过程中不予考虑。

吊索所采用的钢丝公称抗拉强度为 1770MPa,设计安全系数也为 2.5,依据第 5.1 节中的公式可确定吊索钢丝失效温度为 690℃。钢丝绳吊索的结构形式为 8 × 55SWS + IWR,公称直径为 56mm。另在每根吊索外部施加高密度聚乙烯(HDPE)护套。与斜拉索这类平行钢丝缆索不同,钢丝绳吊索的护套与钢丝之间存在一定间隙,这导致护套与钢丝间传热形式较为复杂,且随着间隙的变化,护套与钢丝间的传热效率也会发生变化,难以通过理论分析确定这样的传热形式。为简化分析,在本研究的数值模拟过程中忽略护套的抗火隔热性能,仅考虑钢丝受热升温过程。

与斜拉桥火损分析类似,为全面分析车致火灾对于桥梁的影响,需要确定用于验算的悬索桥火灾场景。悬索桥主要包含主缆与吊索两类缆索,车致火灾发生位置距离这两类缆索越近,火灾对缆索的升温效应则会更加显著。在考虑悬索桥各类缆索的火灾场景时,从保守估计角度出发,确定各火灾场景的横桥向位置处于最外侧车道,各类车致火灾火场边缘与吊索中心线距离 1.5m,如图 5-9 所示。

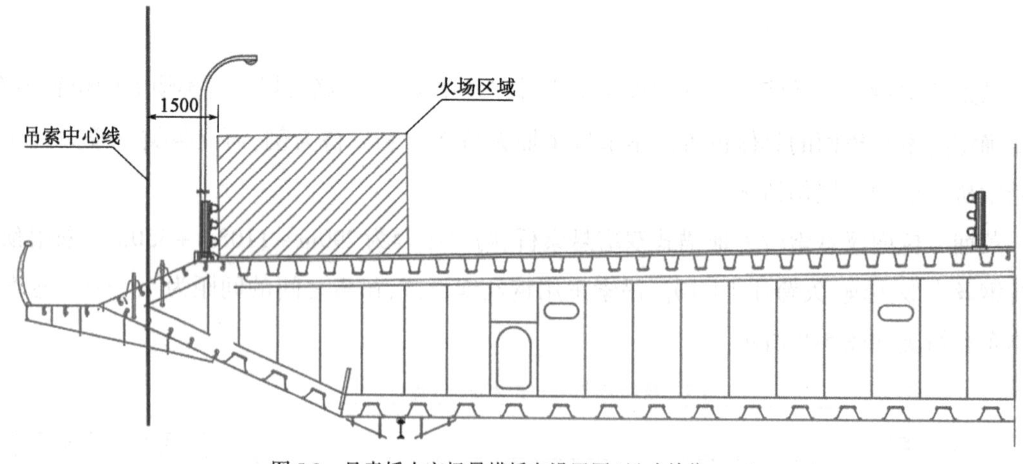

图 5-9 悬索桥火灾场景横桥向设置图(尺寸单位:mm)

火灾发生在桥梁纵向不同位置,主缆距桥面的高度会有所变化,这导致火灾对于主缆的影响有所差异。若全面研究不同高度主缆在火灾中的损伤情况,则需沿纵桥向均匀设置大量火灾场景,研究将变得冗长。考虑到对于各类车致火灾,研究的主要目的在于分析火灾的严重程度与影响范围两个问题。为确定火灾影响的剧烈程度，需在主跨跨中附近设定一个火灾场景，因为该处主缆距桥面最低，受火灾影响最为显著。为讨论火灾主要影响的范围，需要确定当主缆与桥面距离提升到什么水平时，火灾作用期间主缆钢丝不会发生损伤。经过初步估算，确定这一高度在 15m 左右。因此，在主缆高度为 15m 的位置附近设定几个火灾场景，最终确定用于主缆验算的火灾场景的纵向位置如图 5-10 所示。距离各个火灾场景最近的 2 根吊索编号见表 5-7。

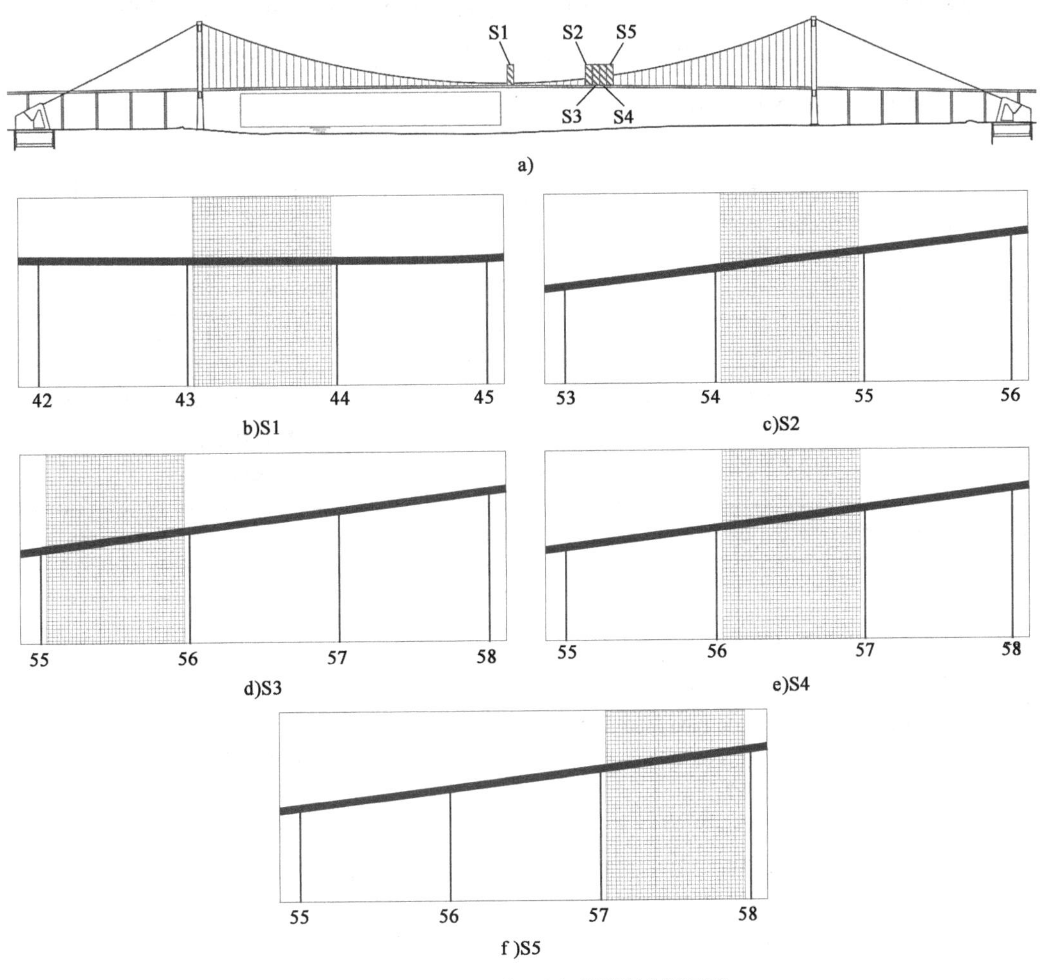

图 5-10　悬索桥主缆火灾场景纵桥向设置图

悬索桥火灾场景包含区域　　表 5-7

火灾场景	S1	S2	S3	S4	S5
火源所处位置吊索编号	43、44	54、55	55、56	56、57	57、58

对于吊索而言，各类车致火灾纵向尺寸均小于吊索间距，火灾基本仅能影响一根吊索，火灾对于吊索的影响程度仅同火场中心与吊索的纵向距离相关。为简化计算并出于保守考虑，

吊索火损计算过程仅选取一个火灾场景，该火灾场景纵向火场中心点同吊索位置重合。

5.3.2 主缆火损计算分析

结合斜拉索火损计算分析结果，各类车致火灾中，油罐车火灾对于缆索的损伤最为严重，货车次之，客车与小汽车则对缆索造成的影响较为有限。主缆作为悬索桥的主要承重构件，在运营期间不可更换，属于最为重要的桥梁构件之一，需要保证其在各类车致火灾作用下不受损。若在油罐车火灾作用下主缆不发生损伤，其他各类车致火灾也难以对主缆造成影响。为简化分析，本节主要针对油罐车火灾作用下主缆损伤情况进行分析，各火灾场景下主缆节点温度随时间变化曲线如图 5-11 所示。

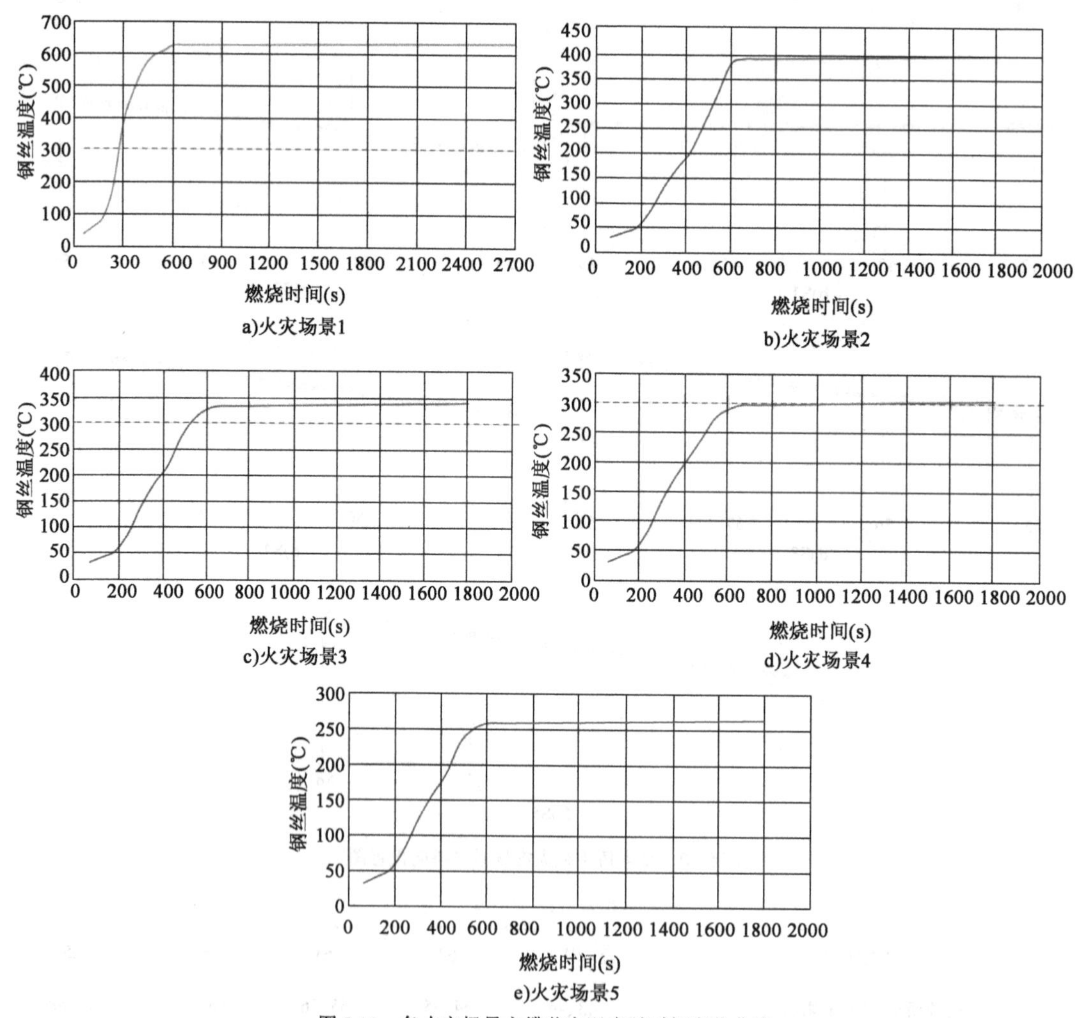

图 5-11　各火灾场景主缆节点温度随时间变化曲线

随着初期火场温度的逐步上升，火场周边主缆也将进入一个快速升温期，这一阶段比油罐车火灾初始温度增长时间长 150s。之后主缆进入稳定发展阶段，这一阶段主缆钢丝温度变化较为有限,计算到稳定发展阶段便可基本确定油罐车火灾作用下缆索钢丝最高温度。因此对火灾后期的钢丝温度变化情况不做展示。

上述各个火灾场景所计算的主缆节点距桥面的高度各不相同,火灾场景 1 验算了主缆跨中最低点,其距离桥面 3.6m,之后火灾场景计算的主缆节点距桥面高度依次增加,分别为 11.6m、13.7m、14.9m 以及 16.8m。随着主缆距离桥面高度的增加,稳定阶段主缆温度随之降低,火灾场景 1 中,主缆钢丝最高温度为 633℃,之后各个火灾场景的主缆最高温度依次为 401℃、341℃、304℃、265℃。结合缆索火损判别标准,油罐车火灾期间,仅主缆最低点部分区域可能发生缆索破断现象,火灾场景 1、2、3、4 主缆钢丝开始出现高温损伤的时间分别是火灾开始后 280s、510s、520s、1200s。火灾场景 5 火灾期间主缆不会发生钢丝损伤现象。可以初步判断,当距桥面高度超过 15m 的部分主缆,在各类车致火灾作用下不会发生钢丝损伤以及失效现象。

5.3.3　吊索火损计算分析

与主缆相比,吊索与桥面距离更近,各类火灾对于吊索影响也更为剧烈。但与主缆不同,吊索在桥梁运营期间可以更换,同时单根吊索的损伤也难以造成桥梁结构的严重破坏,因此,吊索防护等级往往较主缆低。结合工程具体情况,有时不必保证吊索不发生任何损伤,图为油罐车发生火灾的概率较小。因此,为更全面了解各种火灾对于吊索造成的不同影响,分析油罐车与货车火灾作用期间吊索钢丝温度变化情况。

1)油罐车火灾吊索抗火性能

吊索火损分析需要研究火灾作用下吊索钢丝温度的时间分布以及空间分布,其中吊索钢丝温度时间分布可以通过分析火灾持续期间吊索温度随时间的变化情况而实现,如图 5-12 所示。

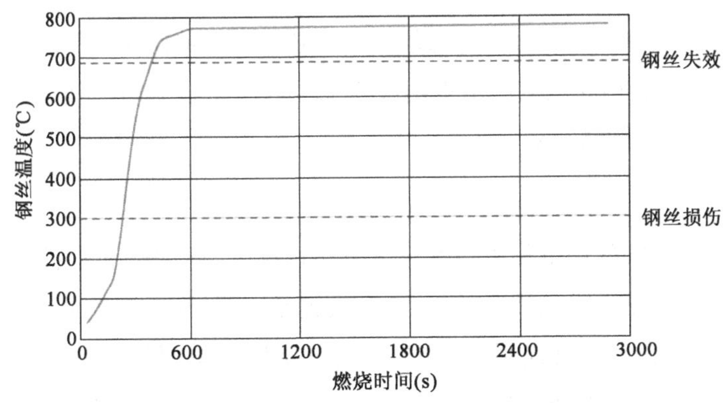

图 5-12　油罐车火灾下吊索钢丝最高温度随时间变化曲线

火场升温规律的一致性使得吊索钢丝最高温度—时间曲线形状与各类缆索升温曲线一致,首先经历一个快速升温阶段,这一阶段比油罐车火灾初始温度增长时间长约 150s。之后吊索最高温度几乎不再变化,进入稳定增长阶段。结合缆索火损判断依据,起火后280s,吊索钢丝就可能发生损伤,390s后,钢丝具有发生破断失效的危险。

为确定吊索钢丝温度的空间分布特点,需要研究进入稳定燃烧阶段后吊索钢丝温度沿高度的变化情况,这一阶段各处缆索基本达到温度峰值,可以更好地反映火灾持续过程中的最不利情况。具体温度分布情况如图5-13所示。

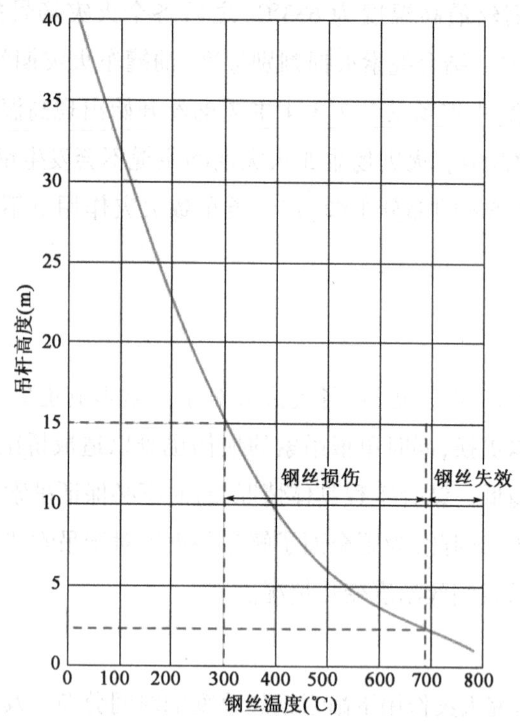

图5-13　油罐车火灾下吊索不同高度钢丝温度分布

随着吊索高度的增加,钢丝温度逐步递减,距离桥面2.3m高度以下的吊索具有发生破断失效的风险,距桥面高度15m以内的吊索则可能发生钢丝高温损伤。其余部分吊索在油罐车火灾作用下发生损伤的概率较小。

2)货车火灾吊索抗火性能

除了分析油罐车火灾作用下吊索钢丝温度分布情况外,研究补充分析了货车火灾作用下吊索温度分布。与油罐车火灾的情况类似,货车火灾作用下,吊索钢丝也经历了快速升温阶段以及稳定发展阶段,结合吊索火损判别标准,火灾开始后384s,吊索钢丝可能发生高温损伤,再经过144s,吊索具有发生破断失效的风险。

另外,进入稳定燃烧阶段后,货车火灾较油罐车火灾影响范围小,吊索钢丝温度的空间分布情况如图5-14所示。

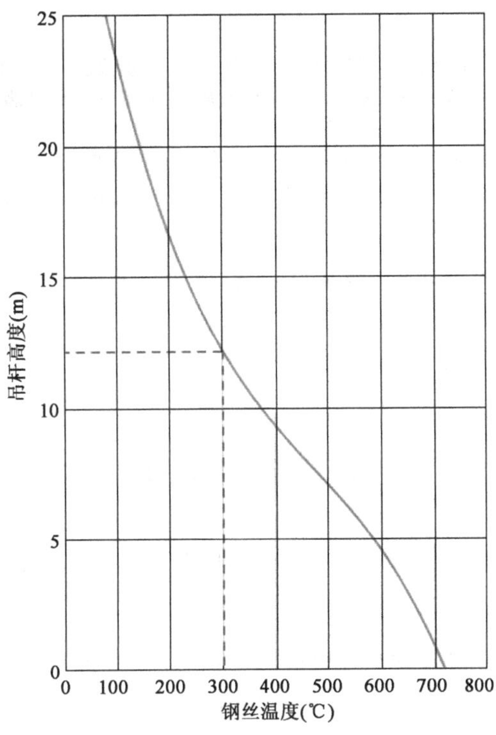

图 5-14　货车火灾下吊索不同高度钢丝温度分布

货车火灾的计算结果表明，各部分吊索的温度峰值均较油罐车火灾小，同时钢丝可能发生损伤以及破断失效的临界高度也较油罐车火灾中的计算结果小，距离桥面 1.3m 高度范围的钢丝在货车火灾作用下可能发生破断失效，高度在 12m 以下的吊索可能发生高温损伤。

5.4　本章小结

本章通过文献调研的方式研究了火灾作用下缆索损伤情况，将缆索火损状态分为防护结构失效、钢丝损伤与钢丝破断失效三类，根据组成缆索的各类材料在高温作用下力学性能的变化特点，确定了几类火损状态的判别依据，以便依据缆索温度分布情况分析其损伤状态。

随后本章以黄埔大桥南北汊两种桥梁为背景，分析了两座桥梁典型火灾场景，并结合前文分析得到的各类车致火灾温度场模型，建立了各个典型火灾场景的有限元模型，分析了桥梁上各类承重缆索在火灾过程中的温度变化情况。

最终结合数值模拟得到的火灾过程中缆索温度分布以及缆索火损判别依据，定量分析了各类缆索在桥梁火灾过程中的损伤情况。综合统计各类火灾作用下，斜拉索、吊索、主缆在不同火灾场景下的损伤情况，得到各缆索损伤阶段的发生时间以及临界高度，具体结果见表 5-8。

火损计算结果汇总 表 5-8

项　　目	斜拉索 小汽车火灾	斜拉索 客车火灾	斜拉索 货车火灾	斜拉索 油罐车火灾	主缆 油罐车火灾	吊索 货车火灾	吊索 油罐车火灾
PE 护套失效时间(min)	11.4	4.7	5.7	3.8	—	—	—
钢丝高温损伤时间(min)	—	5.3	6.3	4.0	4.7	4.7	6.4
钢丝高温失效时间(min)	—	—	—	8.0	10	6.5	8.8
PE 护套失效临界高度(m)	3	6.6	12.0	15.0	—	—	—
钢丝高温损伤临界高度(m)	—	6.2	10.2	15.0	14.9	15.0	12.0
钢丝高温失效临界高度(m)	—	—	—	5.0	3.6	2.3	1.3

本章参考文献

[1] 王振刚，费轶，刘静如，等. 高压富氧环境固/液自燃温度测定装置研制及应用[J]. 安全、健康和环境，2016,16(8):5.

[2] European Committee for Standardization. Design of steel structures-Part 1. 2: General rules-Structural fire design: EC Eurocode 3[S]. Brussels: DD ENV, 1993.

[3] Post-Tensioning Institute(PTI). Recommendations for stay-cable design, testing, and installation: PTI DC45. 1-12[S]. 2012.

[4] 李国强，蒋首超，林桂祥. 钢结构抗火计算与设计[M]. 中国建筑工业出版社,1999.

第6章 抗火密封防护体系工程实例

第5章的火损分析结果充分证明了对各类桥梁缆索施加防护措施的必要性,同时也说明了不同高度的缆索的升温情况具有显著区别,对应的防火需求各有不同。从工程经济性以及施工便利性的角度出发,不同高度缆索的防护体系也应有所区别。前期研究得到的各类防护材料所提供的性能各有不同,应进行合理选择以组成适当的抗火防护体系。防护体系的施工过程也应该结合具体的实施条件确定合适的工艺以及验收标准,也这是抗火密封防护体系落地的前提。

6.1 缆索承重桥梁分级防护

从前述分析可见,桥面区域主要受到各类车致火灾的威胁,这类火灾可燃物较多、放热能力较强、持续时间较长。往往导致该区域内缆索快速升至较高温度,威胁桥梁的结构安全,需要进行重点防护。而距桥面较远区域的火灾一般由自然雷击、施工意外等事故造成,可燃物仅为缆索防护结构,放热能力较弱、持续时间也较短,难以对缆索造成严重损伤。因此需要对缆索施加分级抗火防护,对近桥面区域施加抗火防护体系,保证缆索在火灾持续过程中不发生损伤,而对于其他区域的缆索,防护体系重点起到阻燃作用,防止缆索表层结构被点燃即可。

与缆索的抗火问题有所不同,当缆索任意一处密封性能较差时,外界水汽以及各类腐蚀性离子便会通过该处进入缆索内部,导致钢丝直接暴露于腐蚀环境中,发生钢丝锈蚀损伤的概率迅速上升。缆索密封防护的效果由密封性能最差的区域决定,因此,需要对缆索通长施加同等级的密封防护体系。

综上所述,缆索抗火密封防护体系分级防护中的分级主要针对抗火防护而言,各类桥梁火灾中车致火灾对缆索造成的损伤最为严重,而车致火灾往往仅对近桥面区域缆索具有显著作用,因此从经济性角度出发,仅该区域缆索施加抗火防护,其他区域的防护体系仅满足阻燃性能要求即可。另一方面,缆索通长施加同一等级的密封防护体系,保证缆索整体的密封耐候性能。最终确定了“靠近桥面抗火、全索密封”的分级防护方法，各类缆索近桥面的划分以及最终防护体系的选择还需要进一步研究确定。

6.1.1 斜拉桥防护区域划分

斜拉索抗火防护的目标是保证拉索在火灾持续过程中不发生影响结构安全的损伤。拉索距离桥面高度不同的位置受火灾影响程度不同，可以考虑分级设防：对于靠近桥面、易受车辆火灾影响的部分可以考虑同时实施抗火和密封防护；其他部分可以考虑实施密封防护。近桥面部分的重点防护范围的确定是一个典型的风险决策问题。首先，基于前述的数值分析方法和损伤判断标准，可以得到各类车致火灾作用下斜拉索各组成部分的升温与损伤情况；其次，考虑到通过桥梁的车辆组成不同，因此，各类车辆火灾发生的概率也不完全相同，可以基于此进行事故发生概率的分析；最后，各个桥梁的消防设置、救援力量（例如消防可以到达的时间等）也会有所区别，桥面高度的风场环境可能与计算模型中的考虑有所区别等，对于这些问题的考虑，有助于合理确定可能的损失程度。在上述分析的基础上，结合最终确定方案实施的经济性指标，可以合理地确定重点防护范围，如图6-1所示。

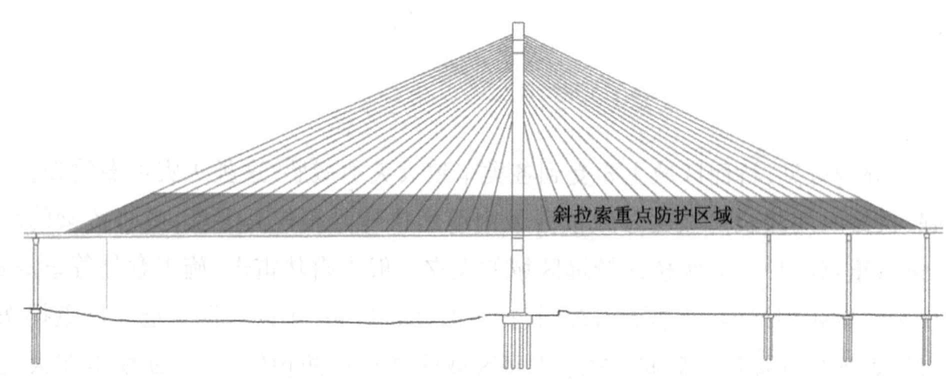

图6-1 斜拉桥防护区域划分

6.1.2 悬索桥防护区域划分

与斜拉桥类似，对于悬索桥主缆与吊索近桥面区域的划分也可以按风险决策的方法进行。和斜拉桥相比，悬索桥主缆与吊索对全桥结构安全的影响差别较大：主缆是悬索桥中主要承重构件，对全桥结构重要程度较高，一旦受损将影响全桥安全结构性能；另外，主缆在桥梁运营期间不可更换，一旦发生不可逆的破坏，难以将其完全修复。因此防护等级较高，需要尽量保证在各类车致火灾作用下主缆均不会发生损伤，这在防护高度和方法上应有所体现。悬索桥吊索则与斜拉索较类似，个别吊索的损伤甚至断裂对桥梁整体造成的影响较为有限，若吊索损伤严重,还可在事故后进行更换,因此在划分吊索防护区域时应充分考虑加装防护体系的经济性。最终确定的悬索桥防护区域划分方案中,主缆重点防护区域的高度往往高于吊索重点防护区域的高度,如图 6-2 所示。

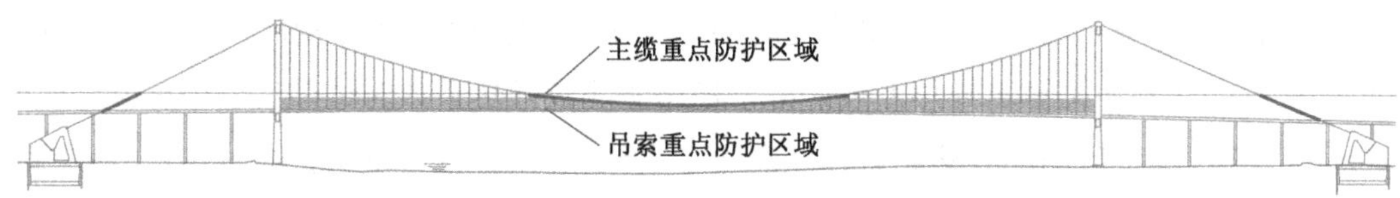

图 6-2　悬索桥防护区域划分

6.2　抗火密封防护体系选用

6.2.1　缆索抗火密封防护体系

为保证缆索在桥梁火灾中不发生严重破坏,同时提升缆索密封耐候性能,需要在各类缆索护套外再施加一层抗火密封防护体系,形成如图 6-3 所示的缆索断面。而缆索承重桥梁采用分级防护方法,不同区域对于抗火密封防护体系的性能要求也有所不同:对于近桥面区域,防护体系需要发挥良好的抗火隔热性能,同时兼顾密封性能;而远离桥面的区域则需要保证防护体系的阻燃密封性能,各处的防护体系均需满足对应的防护需求。

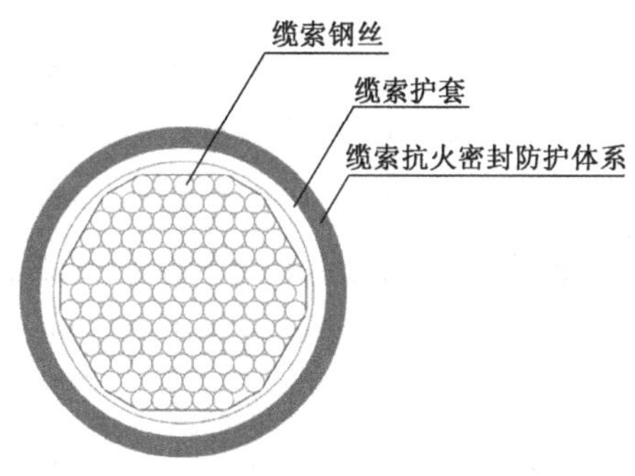

图 6-3　缆索抗火密封防护体系

为了得到可以满足前文所述防护需求的防护体系,需要确定组成防护体系材料。结合前文关于玄武岩纤维复合材料的介绍,满足防护体系抗火隔热性能的产品较多,包括各类玄武岩纤维毡与 FCFR 抗火带,满足防护体系密封耐候性能的产品则主要是 B-FRS 密封带。用于近桥面区域抗火防护的体系包括玄武岩纤维毡、FCFR 抗火带 + B-FRS 密封带两类,需要结合防护体系的热力学特性展开研究。为确定适合组成防护体系的材料,同时也为后续防护体系性能研究奠定基础,本节针对各类防护体系在火灾场景下导热系数的变化情况展开研究。

6.2.2 导热系数试验

测量导热系数的方法很多，根据原理不同可分为稳态法和非稳态法。测量过程中试件温度不随时间发生变化，达到稳态，通过材料内部的温度梯度以及总热流量反映导热系数的方式称为稳态法。而非稳态法需要试件温度随时间发生变化，通过观察试件内部温度随时间的变化过程，根据变化规律推算出导热系数。由于稳态法测量导热系数时试件达到稳态需要时间，为测量一个连续温度区间的导热系数往往需要多次试验，试验较为复杂且耗时较长，最终确定采用非稳态法的方式进行导热系数测量。

试验参考了上海市地方标准《建筑钢结构防火技术规程》(DG/TJ 08-008—2017)中对于防护涂料隔热性能试验的相关规定。对施加防护体系的试件进行加热，测量加热过程中试件内温度变化情况，根据特定公式对防护体系的导热性能进行计算。为横向对比各类防护体系隔热性能，选取三类缆索抗火密封防护体系依照规范流程进行试验，见表6-1。

各试件防护体系汇总　　表6-1

防护体系类别	防护体系概述
玄武岩纤维毡	2×4mm厚玄武岩纤维毡
FCFR抗火带+B-FRS密封带	3.5mm厚FCFR抗火带+6mm厚B-FRS密封带
仅施加B-FRS密封带	4mm厚B-FRS密封带

试验过程中在钢板外施加防护体系，将其置于抗火试验炉内，通过控制两个液化燃气喷嘴释放的火焰大小，控制炉内温度遵循ISO834标准火灾升温曲线进行升温，从而模拟真实火灾场景下防护体系对缆索的防护过程。随着时间的推移，炉内温度不断提升，最终升至1000℃左右，而防护体系包裹的钢板温度也不断提升，一般情况下，当缆索内钢丝达到700℃时，钢丝已经发生破断失效，因此研究内部缆索超过700℃时的防护体系导热系数缺乏实际意义。当内部钢板超过700℃时，试验结束。各类试件试验过程中的温度曲线如图6-4所示。

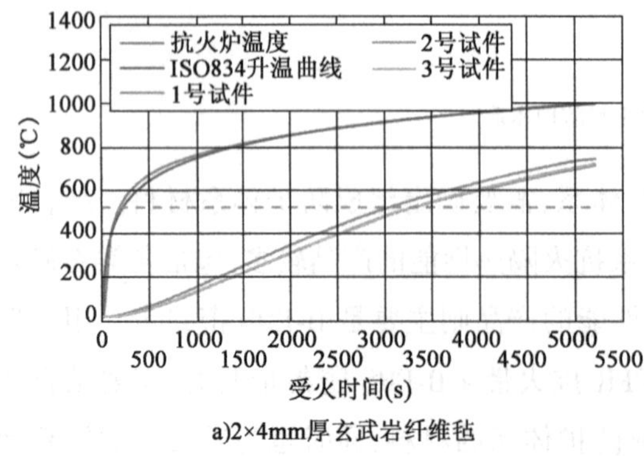

a)2×4mm厚玄武岩纤维毡

b)3.5mm厚FCFR抗火带+6mm厚B-FRS密封带

图6-4

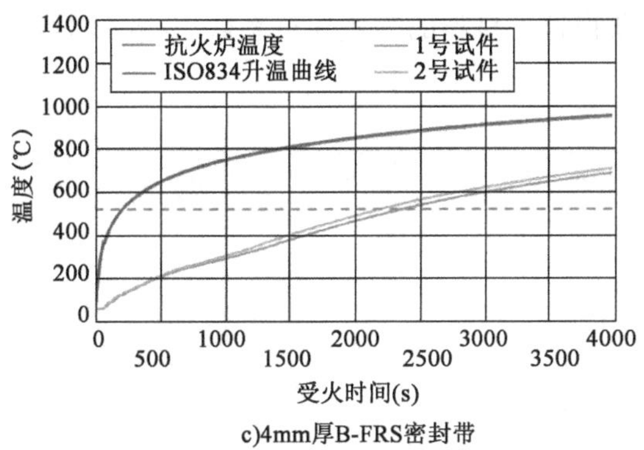

c)4mm厚B-FRS密封带

图 6-4　试验过程中试件温度随时间变化曲线

经过充分燃烧后，仅 B-FRS 密封带被点燃，燃烧后的 B-FRS 密封带变得松散而易于脱落，并从浅灰色变为白色。而玄武岩纤维毡和 FCFR 抗火带在高温作用后仍然保持韧性，结构也变得更为紧实，并从浅灰色变为了褐色，试件燃烧前后外观如图 6-5 ~ 图 6-7 所示。

a)燃烧前

b)燃烧后

图 6-5　2 × 4mm 厚玄武岩纤维毡试件燃烧前后外观

a)燃烧前

b)燃烧后

图 6-6　3.5mm 厚 FCFR 抗火带 + 6mm 厚 B-FRS 密封带试件燃烧前后外观

6.2.3　导热系数计算方法

组成上述防护体系的材料本身大多内部疏松多孔，与均值材料热传导过程有所不同，热量在这类材料的传导过程包括了三类方式：沿纤维的热传导、纤维间空气的热对流以及纤维之间的热辐射，这三类作用互相独立但又互相影响，后续用于分析计算的导热系数为综合考虑这三类作用的等效平均值。为获得这一材料的等效导热系数,需要针对外部包裹有防护材料的钢构件升温过程开展研究。

a)燃烧前

b)燃烧后

图 6-7 4mm 厚 B-FRS 密封带试件燃烧前后外观

1)规范导热系数计算方法

上海市地方标准《建筑钢结构防火技术规程》(DG/TJ 08-008—2017)将试验过程中防护体系的导热系数视为一个均值,即假定导热系数不随温度变化而变化。同时对于受热后材料体积基本不发生变化的非膨胀型防护体系,火灾中材料厚度可认为不发生变化,恒为 d_i。进一步近似认为炉内燃烧过程中,引起钢构件温度上升的热量全部由隔热材料传来,则钢构件温度变化情况与隔热材料等效导热系数 λ_i 息息相关,可通过以下公式迭代计算得到:

$$\Delta T_s = \frac{\lambda_i}{d_i} \times \frac{1}{\rho_s c_s} \times \frac{F_i}{V} \times (T_g - T_s)\Delta t$$

式中:t——火灾持续时间(s);

Δt——时间步长(s);

ΔT_s——钢构件在时间($\Delta t, t+\Delta t$)内的温升值(℃);

λ_i——防护体系的等效导热系数[W/(m·K)];

d_i——防护体系厚度(m);

ρ_s——钢材的密度(kg/m^3);

c_s——钢材的比热容[J/(kg·℃)];

F_i——有防火保护钢构件单位长度的受火表面积(m^2/m);

V——单位长度钢构件的体积(m^3/m);

T_g、T_s——分别表示 t 时刻热烟气和钢构件内部温度的平均值(℃)。

迭代公式计算钢构件升温情况较为烦琐,且难以直接根据升温曲线计算得到防护体系的等效导热系数。为了简化计算,规范近似认为试验过程中钢构件均匀升温,即钢构件温度—时间变化曲线为一条直线。结合建筑钢构件耐火温度为 540℃左右,通过数值拟合得到了对各类钢构件在常温至 540℃之间拟合较好的简化升温公式：

$$T_s = T_{s0} + \left(\sqrt{\frac{\lambda_i F}{d_i V} C_1 - C_3} - C_2 \right) \cdot t$$

式中：C_1、C_2、C_3———规范通过数值拟合得到的无量纲参数，分别取 5×10^{-5}、0.2、-0.044；

T_s——钢构件的平均温度（℃）；

T_{s0}——试验开始时钢构件的温度（℃）。

通过大量分析确定 C_1、C_2、C_3 三个参数，对于各个不同尺寸，不同情况的钢构件，规范最终确定的简化升温曲线与迭代公式计算得到的升温曲线在一定温度范围内拟合较好，如图 6-8 所示。

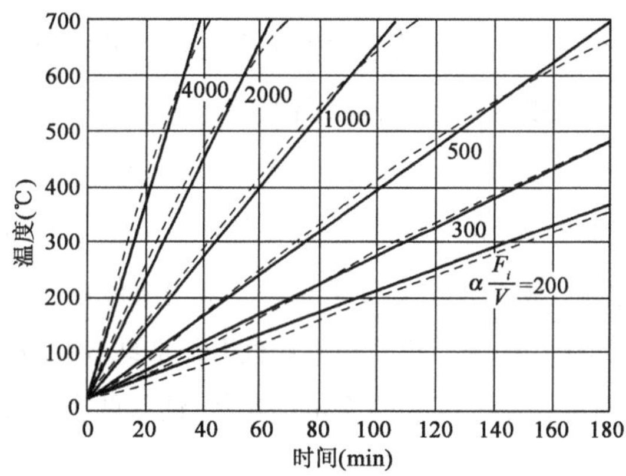

图 6-8 简化升温计算公式与迭代升温计算公式对比

（注：图中实线为简化公式计算结果，虚线为迭代公式计算结果）

将简化升温计算公式进行等效转化，可以得到一个平均导热系数的计算公式，计算从试验开始到钢构件达到相应耐火温度（540℃）期间的平均导热系数，规范认为这一系数即可代表材料的导热性能。

$$\lambda_i = \frac{d_i}{\dfrac{C_1}{\left(\dfrac{T_s - T_{s0}}{t_0} + C_2\right)^2 + C_3} \times \dfrac{F_i}{V}}$$

式中：T_s——钢构件的平均温度，取 540℃；

t_0——钢构件平均温度达到 540℃的时间。

2）多温度区间导热系数计算方法

在火灾场景中，材料温度长时间处于较高水平，纤维之间热辐射加剧、纤维材料部分被点燃引起的微观结构发生变化等现象都将导致导热系数发生变化。规范中近似认为材料导热系数为一恒定值与实际情况有所差别。另一方面,施加防护体系后,桥梁缆索内钢丝一般要求不发生损伤,即钢丝对应温度应不超过300℃,这与建筑钢构件耐火温度540℃也有所差别。为进一步确定不同温度区间内材料等效导热系数的变化情况,本研究对规范中导热系数的计算公式进行一定的修正,形成了多温度区间导热系数计算方法。

保留规范中简化升温计算公式的格式,认为可以通过多段直线更加精确的模拟出试验中钢构件的升温曲线,得到修正后的升温计算公式为:

$$T_{s_i} = T_{s0_i} + \left(\sqrt{\frac{\lambda_i F}{d_i V} C_{1_i} - C_{3_i}} - C_{2_i} \right) \cdot t \qquad (T_{s0_i} \leqslant T_{s_i} \leqslant T_{s0_{i+1}})$$

式中:C_{1_i}、C_{2_i}、C_{3_i}——第 i 个温度区间下通过数值拟合得到的无量纲参数;

T_{s_i}——第 i 个温度区间下钢构件温度(℃);

T_{s0_i}——第 i 个温度区间开始时的钢构件温度(℃)。

结合所研究的具体情况,本研究大致每隔50℃划分一个温度区间,即 T_{s0_1}、T_{s0_2}、T_{s0_3}、T_{s0_4}…分别为20℃(默认初始室温)、50℃、100℃、150℃等。采用遗传算法对于公式中各温度区间下的无量纲参数进行了参数识别,计算了各类构件迭代升温曲线,将这些曲线同修正计算方法得到的升温曲线进行对比,确定各温度区间的无量纲参数,使得两类曲线间的差距最小。最终确定的各温度区间下的无量纲参数取值见表6-2。

不同温度区间导热系数公式参数取值　　　　表6-2

试件内温度区间	C_{1_i}	C_{2_i}	C_{3_i}
温度区间1	4.64×10^{-5}	0.397	-0.0206
温度区间2	8.19×10^{-5}	0.615	-0.0276
温度区间3	4.35×10^{-5}	0.576	-0.0204
温度区间4	2.34×10^{-5}	0.527	-0.0155
温度区间5	4.98×10^{-5}	0.671	-0.0220
温度区间6	7.53×10^{-5}	0.772	-0.0268
温度区间7	7.20×10^{-5}	0.760	-0.0262
温度区间8	5.05×10^{-5}	0.675	-0.0221

为将两种导热系数计算方法进行对比,分别利用规范计算方法与修正后的多温度区间计算方法对于所试验的几类试件内部钢构件的升温曲线进行了计算,并将计算结果与试验结果进行对比,如图6-9所示。

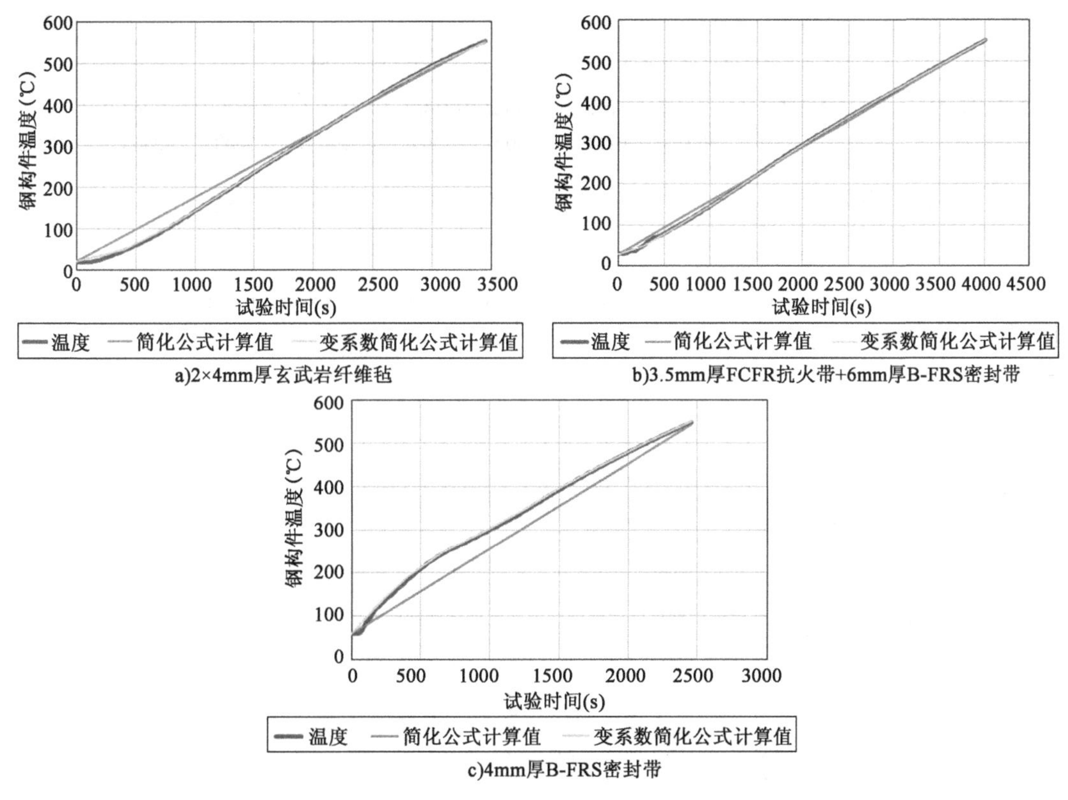

图 6-9　两类计算方法升温曲线与实际升温曲线对比

由图 6-9 可以发现，两类方法计算得到的升温曲线同试验结果相差均不大，说明两类方法对于防护体系导热系数的计算结果均较为合理。但同规范方法的计算结果相比，修正后的多温度区间计算方法与试验结果误差更小，可以更好地描述钢构件的升温过程，也可以反映防护体系等效导热系数随温度的变化情况。

6.2.4　玄武岩纤维产品导热性能总结

依据规范进行导热系数试验可以得到各防护体系内钢构件升温曲线，依据前文所提及的两类导热系数计算方法可以分别计算得到各防护体系的平均导热系数与各温度区间导热系数。其中主要起到密封作用的仅施加 B-FRS 密封带的防护体系隔热性能较差，初期导热系数远大于其他防护体系，为 0.370 W/(m·℃)，但后期试验过程中 B-FRS 密封带被点燃，材料变得松散而易于脱落，由于孔隙率的上升，材料导热系数随之大幅度下降，似乎 B-FRS 密封带的隔热性能变得更好，但实际情况下，被点燃后的 B-FRS 密封带会在环境风的作用下大面积受损，材料难以维持长时间的良好隔热性能。这一现象也说明了 B-FRS 密封带仅起到密封阻燃性能，并不能作为隔热材料施加在受火灾作用显著的缆索上，而主要起到抗火隔热作用的两类防护体系计算得到的导热系数见表 6-3 与图 6-10。

两类防护体系不同方法计算得到的导热系数[单位:W/(m·℃)] 表6-3

材料名称	计算方法	温度区间							
		20~50℃	50~100℃	100~150℃	150~200℃	200~250℃	250~300℃	300~350℃	350~400℃
2×4mm厚玄武岩纤维毡	多温度区间法	0.109	0.113	0.116	0.119	0.108	0.098	0.074	0.063
	规范法	0.1067							
3.5mm厚FCFR抗火带+6mm厚B-FRS密封带	多温度区间法	0.093	0.107	0.103	0.097	0.088	0.081	0.081	0.072
	规范法	0.0971							

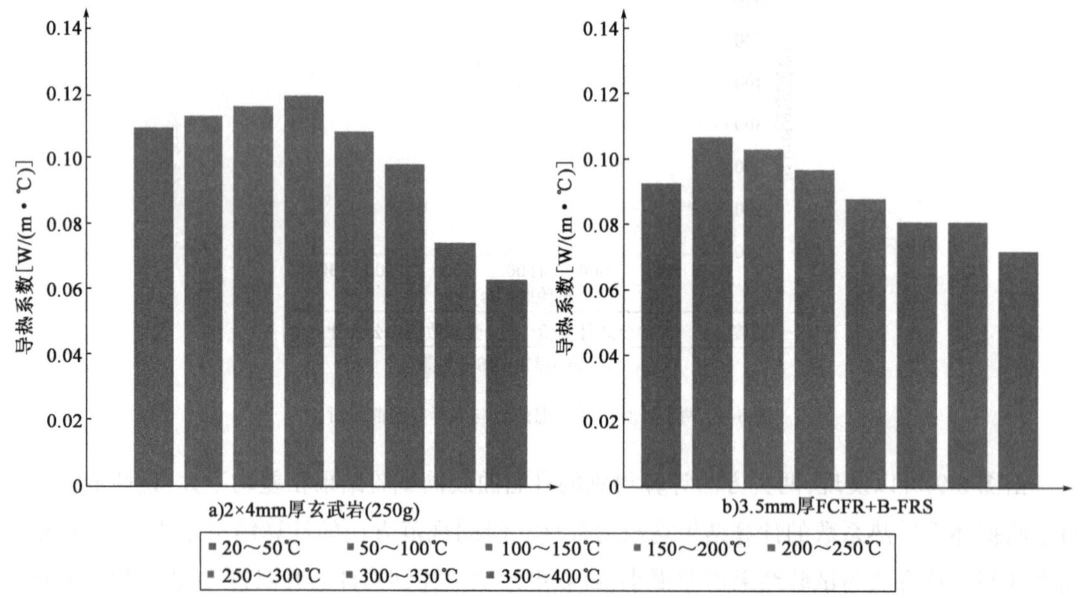

图6-10 两类防护体系不同方法计算得到的导热系数

这两类防护体系的主要隔热材料在燃烧试验过程中都没有发生显著的外形变化,因此各类材料不同温度区间的导热系数变化幅度也较小,且基本都是随着构件温度的上升,等效导热系数先增大后减小。其中等效导热系数的增大初步估计是由于燃烧过程中玄武岩材料结构由蓬松变得致密所导致。而试验后期等效导热系数的减小则是由于隔热材料内外温差降低,导致纤维间辐射传热能力下降,宏观表现为导热系数的降低。

综合上述分析,玄武岩纤维毡或者FCFR抗火带+B-FRS密封带两类体系均可以在火灾作用下发挥较好的隔热作用,但考虑到施工便利性要求,希望防护体系具备一定的力学性能,需要承担一定的拉力,而FCFR抗火带较玄武岩纤维毡的力学性能更好,最终确定在近桥面重点防护区域施加FCFR密封带+B-FRS密封带防护体系。缆索其他部分则可仅施加B-FRS密封带,保证防护体系的密封性能以及阻燃性能即可满足相关要求。

6.3 抗火密封防护体系防护效果

6.3.1 斜拉桥抗火密封防护效果

为最终确定斜拉桥抗火密封防护方案,建立有限元模型,研究施加防护体系后斜拉索升温情况,结合缆索火损判别标准,验证施加防护后缆索是否发生损伤情况。所建立的斜拉索模型包括最内部钢材层、中间 PE 护套层和外部复合材料防护层,通过文献调研以及前一节的分析结果,赋予各材料合适的热力学参数,见表 6-4。其中 FCFR 抗火带 + B-FRS 密封带抗火防护体系的导热系数选取燃烧后期,火场温度较高时的等效导热系数,因为此时是防护体系主要发挥抗火隔热作用的阶段。对于 B-FRS 密封带抗火防护体系,由于常被施加在远离桥面的区域,周边火场温度较低,选用未被点燃时 B-FRS 密封带的等效导热系数。

材料热力学参数表　　表 6-4

材 料 名 称	比热容 [J/(kg·℃)]	热辐射系数 [W/(m²·K⁴)]	导热系数 [W/(m·K)]
高强钢材	600	0.8	45
PE 护套	1884	0.5	0.42
FCFR 抗火带 + B-FRS 密封带	1200	0.5	0.081 (选取火场温度较高时的导热系数)
B-FRS 密封带	1200	0.5	0.37 (选取未点燃时材料导热系数)

考虑到斜拉索内部有较厚的 PE 护套保护,且斜拉索表面基本不受外力影响,初步确定选用普通型 B-FRS 密封带施加在斜拉索最外层,起到阻燃密封作用,而对于重点防护区域的抗火隔热问题,经过初步概算,确定对该区域 B-FRS 密封带内施加 3.5mm 厚 FCFR 抗火带。

为了验证防护方案的可靠性,依据上述参数,结合黄埔大桥北汊斜拉桥的各个火灾场景,建立有防护体系时油罐车火灾作用下的有限元模型,定量分析火灾期间斜拉索钢丝温度变化情况。另外考虑到黄埔大桥管理经验和周边消防部署,消防车可在 30min 内达到桥址位置,火灾发生后 45min 内开展有效扑救,因此重点分析火灾持续 45min 内各种火灾场景下钢丝温度变化曲线,如图 6-11所示。

根据数值分析结果,在施加防护体系后,火灾所能影响到的斜拉索数量明显减少,在放热量最大的油罐车火灾作用下也仅有三根左右的斜拉索发生明显升温。同时,斜拉索钢丝的升温速率有了明显降低,且在火灾持续的 45min 内,各火灾场景下的斜拉索的钢丝温度均处于缓慢增加阶段,钢丝最高温度为 273℃,未达到钢丝损伤温度。

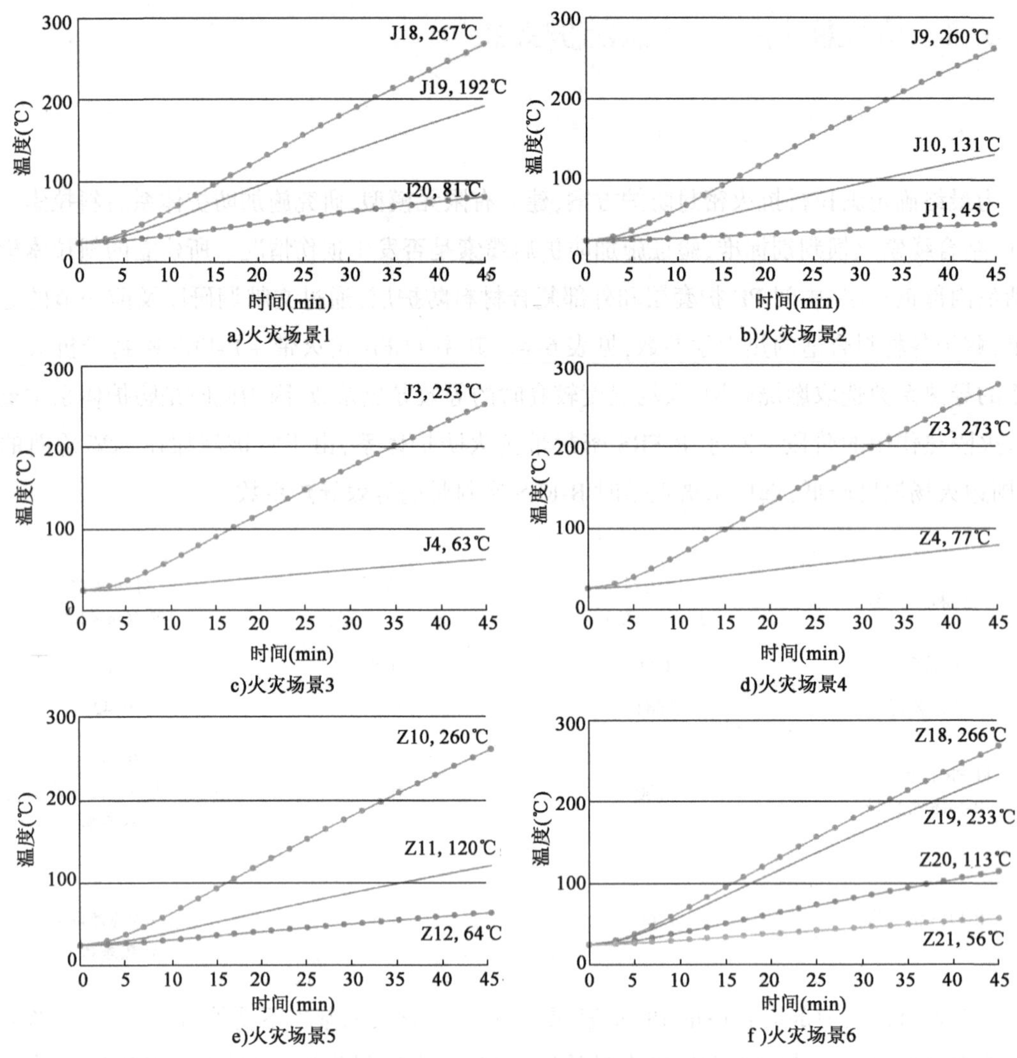

图 6-11 有防护情况下油罐车火灾中斜拉索温度随时间变化曲线

结合上述针对斜拉桥抗火密封方案的研究，最终确定针对斜拉桥的防护方案：对重点防护区域的斜拉索裹覆普通型 B-FRS 密封带 +3.5mm 厚 FCFR 防火带，其余部位的斜拉索仅施加普通型 B-FRS 密封带。

6.3.2 悬索桥抗火密封防护方案

与斜拉桥抗火密封防护方案的确定方式类似，采用建立有限元模型的方式对悬索桥防护体系有效性进行论证，相关参数取值与斜拉桥有限元模型类似。考虑到主缆后期可能需设置主动除湿系统，对防护体系密封性能要求较高；且主缆直径较大，上部设置有检修通道，外层防护结构受外界影响较大，因此对于主缆，考虑在最外侧施加增强型 B-FRS 密封带。吊索与斜拉索类似，所受外力影响较小，采用普通型B-FRS密封带施加在最外侧。对于两类缆索近桥面区域的抗火隔热问题，初步考虑在缆索重点防护区域均施加3.5mm厚FCFR抗火带。为了验证防护方案在火灾中能否满足缆索抗火需求，采用数值模拟的方式对于火灾期间主缆与吊索钢丝温度变化情况进行定量分析，与黄埔大桥北汊斜拉桥类似，对于黄埔大桥南汊悬索桥，结合区域消防因素，重点关注火灾持续45min内，主缆和吊索典型火灾场景下缆索内钢丝温度变化情况，如图6-12、图6-13所示。

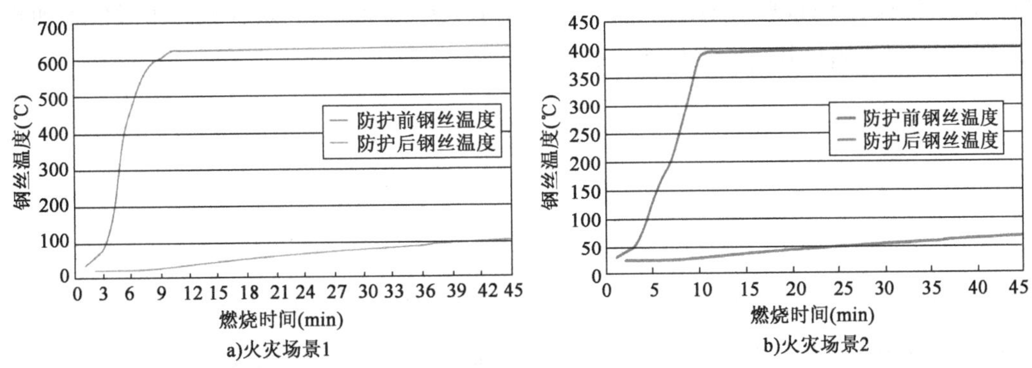

图6-12　有防护情况下油罐车火灾中主缆钢丝温度随时间变化曲线

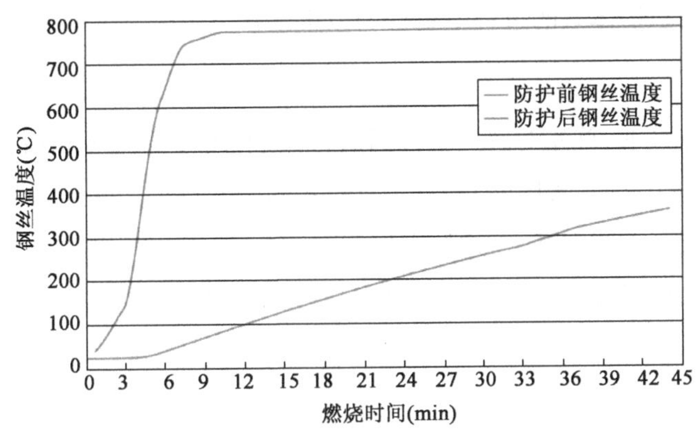

图6-13　有防护情况下油罐车火灾中吊索钢丝温度随时间变化曲线

主缆与吊索施加了抗火密封防护体系后，缆索内钢丝升温速率均明显减慢，在火灾持续的45min内缓慢升温，未进入稳定发展阶段，各类缆索内钢丝温度峰值均比防护前有很大降低。

对于防护后的主缆，分别验算了主缆最低点（火灾场景1）与重点防护区域临界区域（火灾场景2）在油罐车火灾作用下主缆钢丝温度变化规律，发现施加防护体系后，主缆最低点所能达到的最高温度为106℃，低于钢丝损伤对应的温度；施加FCFR抗火带+B-FRS密封带与仅施加B-FRS密封带的交界区域主缆钢丝温度更低，说明防护体系有效。

对于施加防护体系后的吊索，在油罐车火灾作用下，燃烧36min后，钢丝最高温度为

300℃，钢丝开始发生损伤，直至火灾结束，钢丝最高温度接近于钢丝损伤临界温度，为360℃。但考虑到各类车致火灾的火场尺寸均小于吊索间距，每次车致火灾仅影响到一根吊索，一次火灾同时影响多根吊杆的概率较低；且局部吊索在损伤后可及时更换，从工程经济性的角度出发，最终确定对吊索重点防护区域施加一层3.5mm厚FCFR抗火带作为最终的防护方案。

综上所述，悬索桥抗火密封防护方案为：对重点防护区域内的主缆施加3.5mm厚FCFR抗火带+增强型B-FRS密封带，其余区域的主缆仅施加增强型B-FRS密封带。对重点防护区域内的吊索施加3.5mm厚FCFR抗火带+普通型B-FRS密封带，其余区域的吊索仅施加普通型B-FRS密封带，满足其阻燃密封性能要求。

6.4 缆索抗火密封防护体系施工技术

6.4.1 斜拉索防护体系施工

以黄埔大桥北汊斜拉桥的抗火密封防护方案为例，阐述对处于运营阶段的斜拉桥拉索施加防护体系的施工过程。经过前文充分讨论与验证，需对黄埔大桥北汊斜拉索重点防护区域斜拉索施加3.5mm厚FCFR抗火带+普通型B-FRS密封带，其余部分斜拉索可仅施加普通型B-FRS密封带。施加防护体系的过程主要分为以下三步。

1)表面清理

正式加装防护体系前，首先对斜拉索表面进行清理，用浸润有环氧稀释剂的毛刷、毛巾去除原防护层表面的粉尘、油污等附着物，并用干布将斜拉索擦干。保证后续FCFR抗火带或B-FRS密封带同斜拉索可以紧密结合，连接良好。

清理完毕后需采用目视法对全索进行检查，保证清理后的索体不被雨水、灰尘、油污等残留杂物污染。

2)FCFR抗火带施工

对于近桥面重点防护区域施加3.5mm厚FCFR抗火带，结合施工现场具体条件，可以采用人工直接缠包(图6-14)或缠包机缠包两种形式施加FCFR抗火带。缠包过程保证FCFR抗火带底部的冷粘胶与索体表面粘结牢固。另外，根据防护方案的具体情况采用特定的角度进行缠包，黄埔大桥北汊斜拉桥斜拉索的FCFR抗火带施工采用拼缝搭接，采用这种施工方式时，边缝属于抗火防护的薄弱位置，施工中应当注意保证拼缝处紧密、整齐、无重叠搭接。缠包过程中，利用不锈钢卡箍固定FCFR抗火带，保证FCFR抗火带与斜拉索紧密连接。

另外，施工结束后需要采用测厚仪对FCFR抗火带的厚度进行检查，每50m测量一组三处的厚度，保证FCFR抗火带的厚度在(4±1)mm范围内。

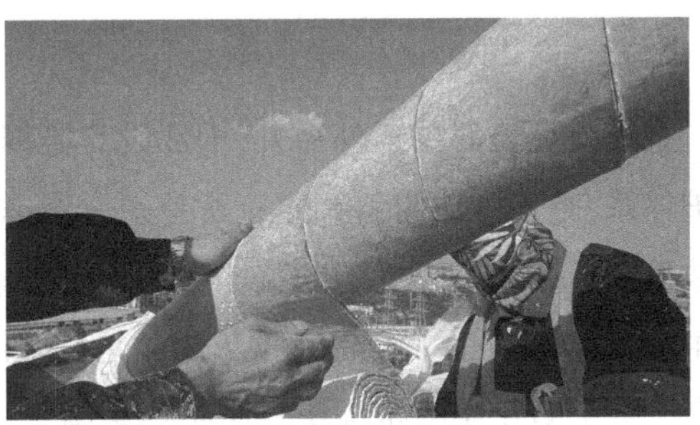

图6-14 斜拉索FCFR抗火带施工

3)普通型B-FRS密封带施工

FCFR抗火带缠包完毕后,进行B-FRS密封带施工,对于黄埔大桥北汊斜拉桥的斜拉索,施加普通型B-FRS密封带,密封带包含了三道耐火阻燃纤维密封胶以及两道I型玄武岩纤维增强专业布,密封胶与专业布交替施加。

耐火阻燃纤维密封胶施加过程采用刮涂方式,施工时应保证环境温度在5~38℃之间,相对湿度不大于85%。采用专用刮刀将耐火阻燃纤维密封胶刮涂到FCFR抗火带表面,耐火阻燃纤维密封胶涂层厚度约为1000μm。注意不得有漏涂、起泡等现象,如图6-15a)所示。

在进行玄武岩纤维增强专业布缠绕时,需保证在前一步耐火阻燃纤维密封胶刮涂后30min内以一定的角度在索体上缠绕,每幅之间搭接宽度在2cm左右,长度方向搭接长度不小于10cm。缠绕过程中要注意拉紧,避免空鼓现象,如图6-15b)所示。

a)耐火阻燃纤维密封胶刮涂

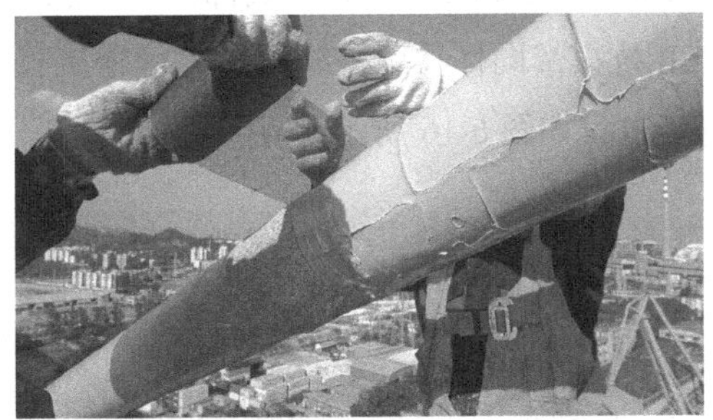
b)玄武岩纤维增强专业布缠绕

图6-15 斜拉索普通型B-FRS密封带施工

最后一层密封胶刮涂完毕但未完全硫化之前,可使用柔软的羊毛刷蘸取少量的环氧稀释剂,对耐火阻燃纤维密封胶带表面的施工痕迹进行刷涂,减小或消除耐火阻燃纤维密封胶带外表面的施工痕迹,保证整个索体表面具有平整光滑的外观。

B-FRS密封带施工完毕后,可采用“切片法”对所施加的B-FRS密封带厚度进行检查,采用测厚仪每隔50m测量一组三点的厚度,保证施工的B-FRS密封带厚度在3mm左右。

6.4.2 主缆防护体系施工

主缆外径比斜拉索外径大，上部设有检修通道，对防护体系密封性能要求较高，所采用的防护体系、施工方法与斜拉索有所差别。考虑到主缆表面受力情况以及密封性能要求，结合火灾数值分析结果最终确定的黄埔大桥南汉悬索桥主缆的防护体系方案为：对重点防护区域内的主缆施加3.5mm厚FCFR抗火带+增强型B-FRS密封带，其余部分仅施加增强型B-FRS密封带。以下对于主缆抗火密封防护体系施工方法进行介绍。

1)表面清理

与斜拉索表面清理环节有所区别，主缆前期表面清理工作还需要进行原劣化及附着力较差涂层清理，使用专用工具(钢丝刷、钢丝轮、千叶片配合角磨机)除去主缆上原有劣化及附着力差的涂层。然后进行主缆表面清洗，从主缆高处开始，先用发泡聚氯乙烯刷子或其他清扫工具除去主缆表面上的灰尘和锈蚀等杂物，然后用清洁布蘸取清洗溶剂沿同一方向擦拭，除去表面油污，直至清洁布上无明显污迹为止。

与斜拉索表面清理后需要进行检查相同，主缆表面清理完成后也需要采用目视法进行全索检查。

2)FCFR抗火带施工

随后在近桥面重点防护区域进行FCFR抗火带施工，同斜拉索与吊索的FCFR抗火带施工类似，可以采用手工缠包与缠包机缠包两种形式，将FCFR抗火带沿特定角度从主缆低处向高处粘贴，保证FCFR抗火带底部的冷粘胶与主缆表面紧密粘结。黄埔大桥南汉悬索桥主缆FCFER抗火带同样采用拼缝形式进行施工，注意保证拼缝处的整齐无明显间隙。FCFR抗火带施工过程如图6-16所示。

图6-16 主缆FCFR抗火带施工

同样，为了保证FCFR抗火带抗火防护效果，采用测厚仪对施加在主缆上的抗火带厚度进行检查，测量FCFR抗火带的厚度是否在(4±1)mm范围内，每隔50m测量一组三处的厚度。

3）增强型 B-FRS 密封带施工

增强型 B-FRS 密封带包含了多层结构，分别为四道耐火阻燃纤维密封胶、两道Ⅰ型玄武岩纤维增强专业布与一道Ⅱ型玄武岩纤维增强专业布，需进行逐层施工（图 6-17），各层施工工艺同之前普通型 B-FRS 密封带施工流程类似，在此不再赘述。

图 6-17　主缆增强型 B-FRS 密封带施工

但应该注意组成 B-FRS 密封带的各类原材料需要质量合格，施工中严禁出现纤维布褶皱现象；纤维密封胶施作应均匀，严禁出现漏刮现象。特别是最外层密封胶应保证均匀，同时完全密封住纤维布，严禁出现漏布现象，在 B-FRS 密封带施工完成后，也可以趁最外表层的密封胶未完全硫化之前，对施工痕迹进行刷涂与修饰。

B-FRS 密封带施工完成后，除了进行厚度检查外，还应进行气密检查，保证微正压力干燥空气能正常传送。

4）主缆检修带防滑沙施工

施工完第四道耐火阻燃纤维密封胶后（刮涂后不宜超过 30min），需要进行主缆检修道防滑沙的施工：在主缆顶部 40cm 宽范围两边侧贴黄色纸胶带，之后再胶带间刮涂 1mm 厚的耐火阻燃密封胶，之后均匀撒布一层石英砂，立刻使用干净的刮刀工具轻轻拍压，保证整个颗粒嵌入进耐火阻燃密封胶层内 0.5mm 以上，确保石英砂粘结牢固。在环氧石英砂固结完成后，喷涂 50μm 厚的氟碳面漆材料。最后将防滑道两侧的黄色纸胶带清除，完成主缆检修带防滑沙的施工。

6.4.3　吊索防护体系施工

黄埔大桥南汊悬索桥吊索抗火密封防护方案为：重点防护区域内的吊索施加3.5mm厚 FCFR 抗火带 + 普通型 B-FRS 密封带，其余部分仅施加普通型 B-FRS 密封带。吊索防护体系施加过程与斜拉索类似，分为以下三步：

1)表面清理

与斜拉索表面清理过程类似,首先使用溶剂从上到下对吊索表面的各类附着物进行清洗并擦干,保证 FCFR 抗火带底部的冷粘胶可以与吊索紧密连接,完成后同样采用目测法对施工质量进行检查。

2)FCFR 抗火带施工

随后与斜拉索施工类似,进行 FCFR 防火带的缠包工作,结合具体进行决定采用人工直接缠包还是缠包机施工。黄埔大桥南汊悬索桥吊索同样采用拼缝搭接,施工注意点以及检查流程与斜拉索 FCFR 抗火带类似。具体施工过程如图 6-18 所示。

图 6-18 吊索 FCFR 抗火带施工

3)普通型 B-FRS 密封带施工

FCFR 抗火带施工完成后,开始进行 B-FRS 密封带施工,吊索与斜拉索类似,均施加普通型 B-FRS 密封带,具体施工流程与斜拉索类似(图 6-19)。并应该注意 B-FRS 密封带全部施工完毕后,趁着最表层密封胶未完全硫化,应采用柔软的羊毛刷蘸取少量的环氧稀释剂对表面进行修饰,去除施工痕迹,保证吊索表面具有平整光滑的外观质量。另外,施工完成后同样采用切片法对所施加的 B-FRS 密封带厚度进行检查,保证施工质量。

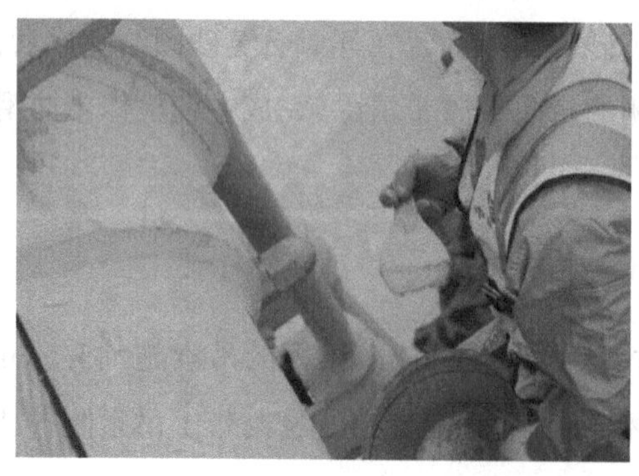

图 6-19 吊索普通型 B-FRS 密封带施工

6.5　本章小结

本章基于各类缆索的火灾损伤分析结果以及腐蚀损伤的特点，有针对性地提出了桥梁承重缆索分级防护方式，确定了“近桥面抗火、全索密封”的分级防护方法；并进一步探讨了斜拉索、主缆、吊索近桥面高度的确定方法，明确了确定近桥面高度应该关注的各类因素。

随后为确定适用于桥梁承重缆索的抗火密封防护体系，研究开展了面向防护体系的导热系数试验，定量分析各类防护体系的抗火隔热性能。结合工程具体情况确定了近桥面区域缆索采用 FCFR 抗火带 + B-FRS 密封带的防护体系，而缆索其他区域仅施加 B-FRS 密封带。

最终结合各类防护体系的隔热性能，确定了黄埔大桥南北汊两座桥梁各类缆索的抗火密封防护方案，并通过数值模拟的方式对防护体系的效果进行了验证，阐述了防护体系具体施工流程以及验收标准，形成了一整套与工程紧密结合的桥梁承重缆索抗火密封防护技术。

本章参考文献

[1] 王翠平. 石墨纤维材料高温导热系数获取及真空烧结炉温度场模拟[D]. 济南：山东大学，2020.

[2] 上海市住房和城乡建设管理委员会. 建筑钢结构防火技术规程：DG/TJ 08-008—2017[S]. 上海：同济大学出版社，2017.

[3] 林瑞泰. 多孔介质传热传质引论[M]. 北京：科学出版社，1995.

[4] 任佳，蔡静. 导热系数测量方法及应用综述[J]. 计测技术，2018，38(S1)：46-49.